기독교문서선교회(Christian Literature Center: 약칭 CLC)는 1941년 영국 콜체스터에서 켄 아담스에 의해 시작되었으며 국제 본부는 미국 필라델피아에 있습니다. 국제 CLC는 59개 나라에서 180개의 본부를 두고, 약 650여 명의 선교사들이 이동도서차량 40대를 이용하여 문서 보급에 힘쓰고 있으며 이메일 주문을 통해 130여 국으로 책을 공급하고 있습니다. 한국 CLC는 청교도적 복음주의 신학과 신앙서적을 출판하는 문서선교기관으로서, 한 영혼이라도 구원되길 소망하면서 주님이 오시는 그날까지 최선을 다할 것입니다.

추천사 1

김관성 목사
낮은담교회 담임, 『본질이 이긴다』 저자

세상은 '더 많이', '더 빨리' 우리의 욕망을 채우라고 독촉합니다. 우리의 욕망을 채우기 위해서는 그 어떤 행위도 정당화되는 듯합니다. 안타깝게도 이런 현상은 교회에서조차 경험할 수 있습니다.

우리는 우리의 욕망을 종교적 행위로 채우고자 더 큰 교회 건물, 더 많은 예배, 더 오랜 기도, 더 화려한 찬양, 더 먼 선교를 자랑합니다. '과잉'의 문제는 오늘을 사는 우리 모두의 문제입니다.

조광운 목사님이 이런 문제를 말씀으로 풀어 가는 책을 출간했습니다. 오늘 우리가 마주하는 과잉의 문제를 우리에게 너무나 익숙한 마태복음 5장에 기록된 팔복의 말씀으로 풀어 가며 성경적 대안을 제시합니다. 각 장의 끝에는 소그룹 나눔을 위한 친절한 안내도 있어 개인뿐만 아니라 소그룹 모임을 위한 적합한 책이기도 합니다.

'과잉의 시대를 사는 그리스도인'에게 진정한 복은 말씀 밖으로 넘어가지 않는 경계의 설정이라고 저자는 말합니다. 저자의 친절하면서도 낯선 글에 우리 안에 깊숙이 자리 잡은 과잉의 문제를 진솔히 들여다보며 말씀으로 실제적 경계를 세우고자 하는 모든 분에게 이 책을 마음 다해 권합니다. 이 책을 통해 '말씀의 경계 설정'으로 오히려 하나님 나라의 진정한 '복'을 경험하는 우리 삶이 될 것을 확신합니다.

추천사 2

김 병 완 목사
우리가꿈꾸는교회 담임, 『교회로 가는 길』 저자

강해설교자 박영선 목사님은 한 인터뷰에서 한국 교회 안에 '종교성'이 짙게 드리워진 것을 우려합니다.[1] 그는 복음이 한 개인의 영혼 구원을 넘어, 천국을 가는 과정에서 어떻게 경험되고, 적용해야 하는지를 가르쳐야 한다고 말합니다.

문제는 바른말 이전에, 바른 이해입니다. 90년대까지만 해도 강단에서의 가르침을 적극적으로 수용하던 성도들이 지금은 부분적으로 내용을 취합니다. 내게 감동을 주거나, 유용한 내용일 경우에만 경청합니다. 자신도 왜 그런지 모르겠습니다. 그래서 무턱대고 들으라고 말하기에는, 청중의 입장에서는 '직장상사의 언어'처럼 불편하게 들리는 게 사실입니다.

예수님은 사람들을 이해하셨습니다. 그분은 먼저 똑같은 사람이 되셨고, 그들의 문화에 들어가 그들이 아는 예로 말씀하

---

[1] 박영선 목사님이 말하는 용기, https://www.youtube.com/watch?v=_M_F1LBXXCg

셨습니다. 그래서 곁에는 무릎이 벌겋게 달아오른 사람들이 많았습니다. "아~ 그렇구나" 하는 탄성이 있었거든요.

이 시대 탁월한 해설가 조광운 목사님의 책은, 우리도 주의 깊게 생각하지 않았던, 우리 문화 저변에 깔린 맥락을 들춰냅니다. 현대인들의 생각이 전통적인 신앙인들과 다른 이유. 실리적으로 교회를 다니고, 좀 더 내 마음대로 하고 있는데도 마음은 이상하게 편하지 않았던 이유에 대해서 무릎을 치게 합니다.

부모님 세대보다 분명 합리적이고 자유롭게 교회를 다니는 데도, 열심히 세상을 살아가는 데도 이유 모르게 지치고, 갈등과 공허함 속에 기쁨과 감사를 상실한 우리들을 따뜻하게 위로하며, 조용히 우리가 찾던 참 자유와 만족, 기쁨을 주는 삶이 복음 안에 있다는 것을 효과적으로 안내합니다.

이 책은 2030 젊은 청년들에게 꼭 필요한 해답이며, 4050 현 시대 앞에 선 설교자들에게도 꼭 필요한 해설로 가득합니다. 책을 덮을 즈음에는 여러분의 무릎도 벌겋게 달아올라 있을 것입니다.

추천사 3

김 민 철 목사
언덕교회 담임, 한국코치협회 전문코치

사람들은 남들보다 과도하게 무언가를 더 성취해야만 자신의 부족함을 채울 수 있다고 생각합니다. 즉, 과유불급(過猶不及)의 시대에 살고 있습니다. 이런 신화가 우리 문화를 지배합니다. 마치 목마름을 채우기 위해 바닷물을 마시는 것처럼 말입니다.

교회 문화라고 다를까요?

왜곡된 성장 신화에 사로잡혀서 다른 교회는 다 하는데 왜 우리는?

경쟁과 비교의 질문이 우리에게 잘못된 답을 찾을 수밖에 없도록 만들었습니다. 코로나로 흔들린 교회를 향해 저자는 팔복(八福)을 통해 우리에게 응급차의 경고음 같은 질문을 던집니다.

저자는 예수님이 광야에서 시험당하신 내용과 일치하는 이 시대의 왜곡된 복(福)을 집요하게 뒤집고 파헤칩니다. 그 실체를 직면하게 한 후 성경이 말하는 하나님 나라의 복(福)으로 답합니다. 지금이야말로 말씀의 경계선에서 진리가 주는 자유함을 누릴 때입니다. 이 책을 통해 무너지고 헤어진 신앙의 경계선을 말씀으로 든든히 세워 여호와께서 인정하시는 복 있는 사람으로 살아가기를 소망합니다.

추천사 4

김 현 철 목사
행복나눔교회 담임, 『메타버스 교회학교』 저자

기독교는 역설의 신앙입니다.

기독교는 시대 정서와 충돌하며 세대를 거스릅니다.

기독교는 시대가 추구하는 가치를 전복하며, 세대에 영합하지 않습니다.

그래서 기독교를 '프로테스탄트'라고 합니다.

현대는 과잉의 시대입니다.

디지털 시대에는 수많은 정보가 홍수처럼 쏟아집니다.

다른 매체들보다 경쟁력을 확보하려면 더욱 큰 자극을 동원해야 합니다.

언어와 감정의 과잉은 왜곡된 가치를 갖게 합니다.

이런 상황을 프랑스의 철학가인 자크 라캉(Jacques Lacan)은 이렇게 규정했습니다

현대인들은 타인의 욕망을 욕망한다.

그러나 성경은 과잉이 아닌 십자가를 선포하고 있습니다.

예수님은 '과잉'이라는 시대 정신과 충돌하는 메시지를 팔복으로 선포하셨습니다.

조광운 목사님은 이 말씀을 현대판으로 재구성하셨습니다.

시대가 강요하는 과잉을 거절하고 온전한 삶을 사는 것은 그리스도인들에게 주어진 거룩한 책임입니다. 이를 가능하게 하는 것은 결국 하나님의 말씀입니다.

조광운 목사님은 팔복의 메시지를 깊이 주해하고 현대의 상황에 현실적 대안을 제시하십니다. 이 책을 통해 과잉의 시대에 몰입되지 않고 균형 잡힌 온전한 그리스도인의 삶을 살아갈 교훈을 얻게 됩니다.

건강한 신앙생활을 하려는 모든 분에게 이 책을 강력하게 추천합니다.

추천사 5

조영민 목사
나눔교회 담임, 『세상을 사는 그리스도인』 저자

저자의 원고를 미리 받아 읽는 영광을 누렸습니다. 기대했지만 그 기대를 훨씬 뛰어넘는 내용이었습니다. 저자는 이 시대를 사는 성도들의 문제를 '과잉'으로 읽어 내고, 그 이유는 '경계의 해체'였습니다. 저자는 현대 사회와 교회의 다양한 문제를 이 키워드로 풀어 가면서 보편적이면서도 충분한 설득의 근거를 제시합니다. 저자는 이런 문제를 해결하기 위해 필요한 것으로 '성경에 근거한 새로운 경계 설정'을 제시합니다.

저자는 과잉 때문에 생긴 현대인들의 문제 해답을 산상수훈 팔복의 한 문장 한 문장으로 답해 갑니다. 읽는 내내 저자의 현대 사회 분석과 그 대안으로 제시되는 팔복 해석 그리고 이 둘을 연결해서 내놓는 대안에 감탄합니다.

당신이 이 책을 읽는다면, 아마 당신은 이 책 한 권을 쓰기 위한 저자의 수고를 읽게 될 것입니다. 세상의 우상을 파악하기 위한 그의 방대한 독서를 경험하게 될 것이고, 그 우상을 파하는 성경 말씀을 풀어 가기 위한 깊은 성경 주해를 만날 것입니다. 또한, 당신은 이 책을 읽게 만드는 저자의 다양한 친절을 만날 것입니다. 주요 개념을 설명하기 위해 사용하는 '각주'와 각 챕터 마지막에 위치한 '요약', 소그룹 나눔의 풍성함을 위한 '소그룹 나눔'은 어느 하나 그냥 스쳐 지나갈 수 없는 부분입니다.

매일 수많은 책이 쏟아져 나오는 정보 과잉 시대입니다. 역설적이지만 이 책은 꼭 나왔어야 하는 책이라 역설하고 싶습니다. 이제까지 산상수훈과 관련해 여러 책을 읽었습니다. 그러나 이 정도의 분량으로 이렇게 강력한 메시지를 얻었던 적은 없었습니다. 많이 배우고 생각하고 도전받는 시간이었습니다. 진심으로 당신도 그랬으면 좋겠습니다.

과잉 시대를 사는 그리스도인

Christians in an Excessive Society
Written by Kwang Woon Cho
All rights reserved.
Korean Edition Copyright ⓒ 2022 by Christian Literature Center, Seoul, Korea.

과잉 시대를 사는 그리스도인

2022년 11월 30일 초판 발행

지 은 이 | 조광운

편　　집 | 박지영
디 자 인 | 박성숙, 서민정
펴 낸 곳 | (사)기독교문서선교회
등　　록 | 제16-25호(1980. 1. 18.)
주　　소 | 서울특별시 동대문구 천호대로71길 39
전　　화 | 02-586-8761~3(본사) 031-942-8761(영업부)
팩　　스 | 02-523-0131(본사) 031-942-8763(영업부)
이 메 일 | clckor@gmail.com
홈페이지 | www.clcbook.com
송금계좌 | 기업은행 073-000308-04-020 (사)기독교문서선교회
일련번호 | 2022-127

ISBN 978-89-341-2509-9(03230)

이 책의 출판권은 (사)기독교문서선교회가 소유합니다.
신저작권법에 의하여 한국 내에서 보호받는 저작물이므로 무단 전재와 무단 복제를 금합니다.

팔복으로 세워가는 단순한 삶

과잉 시대를 사는 그리스도인

조광운 지음

"NO MORE"

CLC

목차

추천사

김관성 목사 | 낮은담교회 담임, 『본질이 이긴다』 저자   1

김병완 목사 | 우리가꿈꾸는교회 담임, 『교회로 가는 길』 저자   3

김민철 목사 | 언덕교회 담임, 한국코치협회 전문코치   5

김현철 목사 | 행복나눔교회 담임, 『메타버스 교회학교』 저자   7

조영민 목사 | 나눔교회 담임, 『세상을 사는 그리스도인』 저자   9

이 책의 독자들을 위한 가이드   15

프롤로그   17

1. 소비의 과잉과 심령이 가난한 자의 복   26
2. 자아의 과잉과 애통한 자의 복   49
3. 권력의 과잉과 온유한 자의 복   67
4. 종교성의 과잉과 의에 주리고 목마른 자의 복   89
5. 기능의 과잉과 긍휼히 여기는 자의 복   109
6. too much: 마음이 청결한 자의 복   131
7. 거짓 평화의 과잉과 화평하게 하는 자의 복   154
8. 유사 복음의 과잉과 의를 위하여 핍박받는 자의 복   173

이 책의 독자들을 위한 가이드

1. 이 책은 현대 사회에서의 과잉 문제를 진단, 분석하고 마태복음 5장에 기록된 팔복의 말씀으로 그에 대한 각각의 대안을 제시합니다.

2. 각 챕터의 도입은 우리 주변에서 흔히 볼 수 있는 상황을 통해 과잉의 현상을 드러내는 데 중점을 두었습니다. 또한, 과잉의 현상을 발생 및 심화시킨 문화·사회적 배경을 분석했습니다. 이렇게 함은 두 가지 이유에서입니다.

첫째, 과잉의 문제가 특정 소수만의 문제가 아니라, 그 사회에 소속되어 있는 우리 모두의 문제라는 인식을 갖게 하기 위함입니다.

둘째, 과잉의 문제를 직시함에 있어 단순히 현상 파악에 그치지 않고, 그 뿌리가 매우 깊다는 문제의식을 갖게 하기 위함입니다. 우리가 흔히 경험하는 단순한 피부 문제(trouble)도 피부 면이 아닌 몸속 깊은 곳의 다른 원인에서 비롯되는 경우가 많습니다. 근본 원인을 제거하지 않고 피부 면의 상처만 치료한다면 결코 온전한 치료는 이루어질 수 없는 것과 같은 이치라 하겠습니다.

3. 각 글의 끝부분에 '요약'을 실었습니다. 글의 전체적인 내용을 정리해 볼 수 있으며, 소그룹을 한다면 나눔 전에 핵심 내용을 상기할 수 있습니다. 글의 전체 윤곽을 먼저 살필 수 있어 요약을 먼저 보신 후 본문을 읽어도 도움이 될 것입니다.

4. 읽는 것으로 그치지 않고 삶에 실질적으로 적용할 수 있도록 소그룹 나눔을 권합니다. 1) 마음 열기 2) 나눔 및 적용 3) 복음적 삶의 경계 세우기로 구성되었습니다.

1) **마음 열기**: 각 글의 주제에 관련한 가벼운 문제 제기

2) **나눔 및 적용**: 본문의 내용을 삶에 실질적으로 적용하거나 확장할 수 있도록 돕는 두 개의 질문으로 구성

3) **복음적 삶의 경계 세우기**: 각자 읽고 소그룹에서 나누었던 내용을 삶에서 실천하도록 돕는 미션

프롤로그

조 광 운 목사

아이를 태우고 운전할 때는 아무래도 좀 더 조심스럽다. 평소보다 천천히 달리려고 노력한다. 과속방지턱도 부드럽게 넘어가려 멀리서부터 속도를 줄이고, 신호등의 노란 불빛 앞에서도 엑셀을 "쌩~" 밟으려는 조급함을 억누르며 멈추어 선다. 그런데 고속도로에 일단 들어서고 나면 아이를 태운 것을 잊곤 한다. 밟고 밟고 하다가 문득 계기판을 들여다보면 속도는 훅 늘어 있다.

고속도로 위에서 우리는 속도를 체감하지 못하고 내달린다. 아이를 태운 나조차도 그렇다. 고속도로 위에서만 아니라 실은 일상에서도 우리는 이미 과속에 익숙해졌다. 좀처럼 브레이크를 밟지 않는다.

아내는 향초에 불을 붙이며, 요즘 사람들은 '불멍'을 한다고 내게 말해 주었다.

"불멍, 그게 뭔데?"

캠핑 가서 장작불을 태워 놓고 멍때리는 일이란다. 집에서 작은 에탄올 난로에 불을 피워 놓고 멍때리기도 한단다.

굳이 시간을 내어 멍을 때려야 할 만큼, 우리의 일상이 과속과 과부하로 지쳐 있다는 방증이 아닐까?

낮에는 세상 속에서 질주하고, 밤에는 집에 돌아와 불멍을 하는 삶 말이다.

과잉 세상

인류는 지금까지 '더 많이', '더 빨리'라는 욕망을 채우기 위해 달려왔다. 감속도 일시 정지도 없는 전력 질주로 세상은 과잉되었다. 과잉 개발과 과잉 생산, 과잉 노동, 과로, 과몰입, 과잉 관계와 과잉 경쟁, 욕심도, 욕망도, 도전도 모든 것이 과잉화된 세상이 되었다. 이것은 이미 성장과 성취라는 변곡점을 지나 결국 폭발 지경까지 이르고 말았다. 오늘 우리가 마주한 많은 위기는 결핍이 아닌 과잉에서 비롯된 것이다.

과잉의 본질: 무경계

인류가 감속 없는 질주를 감행한 데에는 멈출 줄 모른다는 현대성(modernity)의 특징이 작용했다고 볼 수 있다. 세계적인 경제학자 제레미 리프킨(Jeremy Rifkin)은 그의 저서 『엔트로피』

(*ENTROPY*) (세종연구원, 2015)에서 이렇게 말했다.

> 우리 문명의 미래는 물리적 제약 없이 무한히 뻗어 나갈 것이며, 물질적 한계란 없다는 모더니즘적 사고에 의해 성장해 왔다.

그는 모더니즘 사고의 중심에는 제약과 한계가 없다는 무한성장식의 인식이 자리하고 있다고 분석한다.

이 주장은 우리가 살아가는 이 시대가 왜 이토록 과잉화되었는지에 대한 단서를 제공한다. 제약과 한계가 없다는 인식은 경계를 사라지게 했다. 어디까지 만들어야 하고, 얼마만큼의 속도로 달려야 하는지에 대한 경계가 없어진 것이다. 그 결과 모든 것이 과잉화되었다. 그러므로 과잉 문제의 본질은 무경계(no boundary)라고 할 수 있다.

영화감독 겸 작가인 김곡의 저서 『과잉 존재』(한겨레출판사, 2021)는 이 문제를 심층적으로 다루고 있다. 그는 과잉을 "**경계의 철폐**"라고 정의했다. 그의 말을 들어 보자.

> 과잉의 반대말은 과소가 아니다. 과잉의 반대말은 **경계(threshold-limit)**다. 경계란 기준이며 제한이고 그를 통한 균형과 조절이다. 과잉을 단지 '무엇에 비교해 많다'는 상대적 의미로 생각해서는 안 된다. 오히려 그것은 많고 적음을

판별하고 조절하는 **기준의 해체**를 의미한다.

그는 과잉 문제의 본질을 단순히 '너무 많음'이 아닌, 경계의 해체로 본다. 냉전 이후의 세계화가 국가 간의 경계를 허물었고, 교통과 통신 기술의 발달은 지각의 경계를 허물었다. 경계의 부재 때문에 이 시대를 살아가는 주체들은 멈출 곳을 모른다. '끝', '경계'가 없기에 어디서 멈추어야 하는지 모르고 끝도 없이 가는 것이다. 그러니 이 시대의 주체들은 많이 가려다가 과잉하지 않는다. 이들은 경계가 없기에 '많음'에 대한 개념도 모른다. 다만 경계가 없기에 끝도 없이 많이 가게 된다는 것이다.

결국, 저자가 분석한 모든 과잉의 본질적인 원인은 한계와 제한이 없는 무경계성이다.

그의 분석에 공감하며 나는 이 시대를 '무경계 시대'(no boundary age)로 명명하고자 한다. 이것은 이 시대의 소셜네트워크서비스(SNS)를 보더라도 알 수 있다. 과거에는 한 개인이 관계 맺는 친구의 수가 어느 정도 정해져 있었다. 각 개인이 활동하는 오프라인 장소가 제한되어 있었기 때문이다. 그런데 SNS상에서 친구의 수는 경계나 한계가 없다. 오프라인에서 얼굴 한 번 본 적 없는 사람이라 할지라도 '친구 신청' 클릭 한 번이면 관계가 성립되고 연결성이 생긴다.

마우스를 '광클'하면 수천, 수만의 친구와 순식간에 연결된다. 우리는 이렇게 '무경계 시대' 속에서 과잉 세상을 살아간다. 자주 과부하에 걸리고 허걱거리며, 그런데도 좀처럼 쉬거나 멈추지 못한 채 말이다.

코로나19 바이러스(COVID-19): 경계를 알리는 경고음

무경계 때문에 발생한 부작용 중 하나가 바로 코로나19 바이러스(COVID-19)다. 코로나는 더 이상 경계를 넘어서지 말라는 경고음이자 신호이기도 하다. 이화여자대학교 석좌교수인 최재천 교수는 코로나19 바이러스가 출현한 배경에 대해 사람들이 개발의 목적으로 "동물의 서식지들에 들어가서 들쑤시게" 되었고, 이것 때문에 "야생동물 몸에 있던 바이러스가 사람에게 묻는 것"이라고 말했다.[1]

그의 분석은 코로나가 출현한 근원적인 배경에 '무경계'가 있음을 보여 준다. 과잉 개발로 넘지 말아야 할 자연의 영역을 침범했고 이것 때문에 코로나19 바이러스를 만나게 된 것이다. 그러니 이 바이러스는 인간의 과잉된 욕망이 낳은 인재(man-made disaster)라고 해야 할 것이다.

---

1   최재천 외 5인, 『코로나 사피엔스』 (서울: 인플루엔셜, 2020), 173.

그런데 안타깝게도 코로나19 바이러스는 과잉의 최악의 폐해가 아니다. 인류에게는 코로나19 바이러스보다 더 강한 경고가 주어지고 있는데, 바로 온난화의 위기다. 여러 기후학자는 온난화 때문에 빙하가 녹으면 그 안에 묻혀 있던 수십만 종의 바이러스가 풀려날 수 있다고 경고하고 있다.[2] 코로나19 바이러스보다 더 치명적인 바이러스가 출현하게 될지도 모르는 것이다. 무경계 때문에 무절제하게 시행된 개발이 온난화 위기를 더 급격히 앞당기고 있다.

"티핑 포인트(tipping point)란 역학(疫學)에서 따온 말로 바이러스가 병을 일으킬 만큼의 수에 다다르는 순간"[3]을 가리키는 용어다. 이것은 임계점이라고도 하는데, 쉽게 설명하면 무언가가 가득 차 더 견디지 못하고 폭발하기 직전의 순간이라고 할 수 있다.

한국을 비롯한 전 세계는 과잉의 임계점에 이르렀다. 언제 폭발할지 모르는 시한폭탄의 압박 속에서 살아가고 있다. 그 중심에는 바로 '무경계'가 자리하고 있다. 경계가 없어 서슴없이 선을 넘나들었던 인류의 욕망이 과잉 문제의 본질이다. 이 현실 앞에서 우리는 이제 선택해야 한다.

경계를 찾고 지킬 것인가?

---

2   권선미, "기후 위기 못 막으면 '제2의 코로나' 확산할 것," 「연합뉴스」, 2020.12.14.
3   안혜리, "사회적 전염 현상 설명한 '티핑 포인트'," 「중앙일보」, 2000.08.18.

계속 경계 없이 달릴 것인가?

답은 자명하다. 이제 우리에게는 경계선이 필요하다. 인식하고 인지해 더 넘어서지 말아야 할 안전선 말이다.

어떻게 경계를 설정할 것인가?

팔복은 어느 시대를 막론하고 복(福)이다. 예수님은 팔복을 말씀하시기 전, 마귀로부터 세 가지 시험을 받으셨다. 예수님이 가져오신 복이 인류에게 성공적으로 안착하지 못하도록 마귀가 막고자 한 것이다. 세 가지 시험은 물질, 명예, 권력에 대한 유혹으로 정의할 수 있다.

* 물질의 유혹: 돌이 떡이 되게 하라(마 4:3).
* 명예의 유혹: 뛰어내리면 … 너를 받들어 줄 것이다(마 4:6).
* 권력의 유혹: 내게 엎드려 경배하면 이 모든 것을 네게 주리라(마 4:9).

그리스도가 받으신 이 시험은 동일하게 모든 그리스도인에게 육신의 정욕(물질), 안목의 정욕(명예), 이생의 자랑(권력)이라는 유혹으로 다가왔다. 그리고 이 시험은 현대 시대에 생산 과잉, 자아 과잉, 권력 과잉의 형태로 우리에게 다가왔다.

예수님이 받은 시험	성도가 받은 시험 (요일 2:16)	현대 시대의 시험 양상
물질(마 4:3)	육신의 정욕(물질)	생산 과잉
명예(마 4:6)	안목의 정욕(명예)	자아 과잉
권력(마 4:9)	이생의 자랑(권력)	권력 과잉

그렇다면 예수님은 이 과잉의 시험을 어떻게 이길 수 있으셨을까?

예수님은 하나님 말씀을 경계로 삼아 이 과잉의 시험을 이기셨다. 예수님은 마귀의 세 가지 시험 앞에서 "기록되었으되"(마 4:4, 7, 10)라며 세 가지의 기록된 말씀으로 경계 삼아 과잉의 시험을 이기신다. **말씀의 경계를 넘어서게 하려는 마귀의 시험 앞에서 그 경계를 지키심으로 이기신 것이다.**

사도 바울은 하나님의 말씀이 경계가 된다는 사실을 더 자세히 짚어준다.

> 형제들아 내가 너희를 위하여 이 일에 나와 아볼로를 들어서 본을 보였으니 이는 너희로 하여금 기록된 **말씀 밖으로** 넘어가지 말라 (고전 4:6).

바울은 고린도 교회 성도들에게 편지를 쓰면서, **말씀 밖으로** 넘어가지 말 것을 권면한다. 말씀은 피조 된 사람이 지켜야 할 경계다. 양이 우리를 넘어가면 들짐승을 만나는 위험을 겪듯이, 피조 된 사람은 하나님의 말씀이라는 경계를 넘어가면 평안과 안전을 잃어버린다.

오늘날 그리스도인들이 마주한 많은 위기는 경계의 해체로 발생한 과잉의 문제에서 비롯되고 있다. 그러므로 과잉 시대를 사는 그리스도인들은 말씀의 경계 안에 있을 때 이 위기를 극복하고 평안과 안전에 거할 수 있다. 하나님의 말씀은 인간을 복되게 하는 유일한 경계라고 할 수 있다.

말씀을 경계 삼아 시험을 이기신 예수님은 그의 제자들에게 팔복의 말씀을 주셨다. 세상의 복에 속지 않도록 선을 긋고 하나님의 여덟 가지 복을 알려 주신 것이다. 그래서 팔복은 진정한 복의 명확한 경계다.

이 책을 통해 과잉 시대 속에서 무너진 우리 신앙과 삶의 경계선을 바로 세우고 비할 바 없는 최고의 그 복을 누리게 되기를 소망한다.

1

소비의 과잉과 심령이 가난한 자의 복

> 심령이 가난한 자는 복이 있나니
> 천국이 그들의 것임이요(마 5:3).

타인의 시선을 구입하다

나의 중학교 입학식은 운동장에서 일렬로 줄지어 서서 진행되었다. 어두운 색상의 교복과 가방들 속에서 흰색 운동화는 유난히 눈에 띄었다. 당시 친구들의 운동화 브랜드는 나이키, 아디다스, 엘레세, 프로스펙스가 주를 이루었던 것 같다. 내가 신은 운동화는 이 브랜드 중에서 중저가에 속한 '프로스펙스'(PRO-SPECS)의 유사품 '프로스포츠'(PRO-SPORTS)였다.

일렬로 늘어선 반짝이는 운동화들의 행렬에서 '프로스포츠'를 신고 있는 나의 모습은 초라했다. 나는 좀 위축되었던 것 같다. 고가의 운동화를 신은 자들은 뭔가 있어 보였다. 나와는 다른 존재인 것 같았다. 그날 이후 나는 브랜드 로고에 예민해졌다. 집안 형편은 그다지 좋지 않았고 부모님은 투철한 절약 정신으로 무장된 분이었기에 나이키나 아디다스 진품을 사는 건 꿈 같은 일이었다.

나는 동대문 시장에서 모조품 운동화를 구매하곤 했다. 티 나지 않는 모조품을 사는 기술이 늘어 갔지만, 진품과 비교했을 때 모조품은 질적 차이가 명백했다. 어떤 때는 구입한 지 한 달 만에 운동화 쿠션 부분 실밥이 다 뜯어져 나가기도 했다. 하지만 그런 것쯤은 괜찮았다.

내가 산 것은 운동화가 아니라 운동화의 브랜드였다. 더 정확히는 브랜드 운동화를 신은 나를 뭔가 있는 사람처럼 봐 주는 타인의 눈길을 구입한 것이었다.

모방의 심리와 과시적 소비

소비에 대한 이런 나의 심리 작용은 미국의 사회학자 소스타인 베블런(Thorstein Veblen)이 주장한 유한계급을 모방하는 심리로 규정할 수 있다. 그는 유한계급을 "생산 활동에 종사하지 않으면서 소유한 재산으로 소비만 하는 계층"[1]으로 정의했다. 유한계급은 영어로 "Leisure Class"다.

---

1 소스타인 베블런, 『유한계급론』, 이종인 역 (서울: 현대지성, 2018), 11.

말 그대로 축적된 자본이 많아 여가(Leisure)를 즐길 수 있는 경제적 상위 계급을 가리킨다. 이들은 소비를 통해 하위 계급에게 자신의 사회적 지위를 과시한다는 면에서 저자는 그것을 '과시적 소비'라고 지적한다.[2]

베블런은 과시적 소비를 발생시키는 근본적 원인이 '모방'(emulation)의 심리에 있다고 보았다.

각 계급은 차상위 계급을 부러워하고 또 모방하려 한다.[3]

즉, 사람들이 과시적 소비를 하는 목적은 동일 등급으로 분류되는 사람들과의 경쟁에서 한발 앞서 나가기 위해 유한계급의 소비 행위를 모방하는 것이다.

내가 짝퉁 운동화를 산 것도, 결국 상류층의 과시적 소비를 모방한 것이다. 사람들이 상류층을 바라볼 때 갖는 호의적 시선을 나 또한 소유하고 싶었다. 결국, 내가 구입하고자 한 것은 운동화가 아닌 나를 뭔가 있어 보이는 사람으로 보는 타인의 시선이었다.

이것이 비단 나만의 문제겠는가?

---

2   소스타인 베블런, 『유한계급론』, 76-107을 참고하라.
3   소스타인 베블런, 『유한계급론』, 110.

지금도 세상 속에서는 과시적 소비를 모방하려는 시도가 끊임없이 일어나고 있다. 돈이 없어도 아이폰을 사고, 무리해서 스타벅스에 가며, 월세가 밀려도 고급 세단을 몰고 고급시계를 찬다. 상위 계층을 모방해 자기 과시를 위해 소비하고 있다. 이런 심리적 작용은 소비 행위를 과열시킨다.

소비 사회가 일으키는 문제: 상대적 박탈감

소비에 집착하는 사회의 가장 근원적인 문제는 인간의 정체성을 소비와 관련지어 확립한다는 점이다.

"나는 소비한다 고로 존재한다"(I shop therefore I am)라는 말이 보여 주듯, 현대인들은 소비하며 자기 효능감을 느낀다. 소비할수록 자신의 존재를 자각하고 만족한다.

그러나 소비 사회에서는 행복이 계량화된다는 점에서 건강한 자기 효능감을 찾기 어렵다. 자신의 소비 수준이 사회가 요구하는 수치에 도달하지 못하면 '자기 효능감'은 곧바로 '자기 소멸감'으로 전환된다. 연봉의 액수, 집 평수 등이 타인이 볼 때 선망의 대상일지라도, 스스로가 만족감을 느끼지 못한다면 오히려 자기 소멸감을 느낄 가능성이 크다.

몇 년 전, 강남에 사는 40대 남성이 일가족을 죽이고 자신도 자살한 사건이 있었는데, 그의 자살 동기는 생활고였다. 그런데 그가 살고 있던 전세는 12억 가량이었다. 서민의 눈높이에서는 어이가 없겠지만, '빗장 도시'[4]로 불리는 강남 안에서 만큼은 그는 타인에 비해 월등히 소비 수준이 낮아 상대적 박탈감과 함께 자기 소멸감을 느낀 것이 아닌가 싶다. 마치 일반인 중에 키가 큰 편인 사람도 농구 선수들과 나란히 설 때는 위축되듯이 말이다.

소유의 양과 소비의 질이 계량화되고, 그것이 자신의 정체성으로 결정되는 소비 사회 구조 안에서는 평범한 사람도 자살의 유혹을 받을 만큼 자기 소멸감에 시달릴 수 있다. 기업체 간부, 고위 공무원, 의사 등 고학력 전문 관리직의 자살자 수가 최근 10년간 6배가 늘었다는 사실[5]은 이를 방증한다. 이처럼 소비주의는 인간의 가치를 폄하하고 인간을 무력하게 만드는 부작용을 일으킨다.

소비 사회가 일으키는 문제: 과소비의 양산

소비주의가 낳은 신조어 중 하나가 '지르가즘'이다. 이는 성행위에서 느끼는 '오르가슴'(Orgasm)에 빗대서 만든 용어다.

---

4 최은영, "학력자본 재생산의 차별화와 빗장 도시의 형성", 「대한지리학회지」 제39권 제3호 2004, 374. "강남구는 고학력 집단의 지속적 집중과 아파트 가격의 급격한 상승으로 비가시적이지만 견고한 사회 경제적 장벽을 갖는 빗장 도시의 성격이 강화되고 있다."
5 서영지, "고학력 전문·관리직 자살 5배 증가, 도대체 왜?", 「한겨레」, 2015.01.18.

물건을 구입할 때 쓰는 용어 '지르다'에서 착안해 소비 행위를 할 때 느끼는 짧은 순간의 쾌락을 의미한다. 이처럼 소비 사회는 소비를 통해 해소와 만족을 추구한다.

그런데 문제는 소비의 쾌락이 순간적이고 일시적이라는 것이다.

지속적이고 영원한 만족을 주는 소비가 있을까?

채워지지 않는 내면의 공허함은 또 다른 소비로 이어질 뿐이다. 이런 사이클이 반복되면서 실용 구매나 가치 구매를 넘어선 과소비가 양산된다. 이 흐름이 심화되어 경계를 넘어가면 집착이나 중독의 양상으로 이어지기도 한다.

구입 욕구: 차이의 심리

다수의 사회학자가 소비와 관련된 연구를 할 때 위에 언급한 베블런과 함께 자주 언급하는 학자가 있는데, 그는 바로 장 보드리야르(Jean Baudrillard)다. 그의 저서 『소비의 사회』(문예출판사, 2015)에 따르면 소비 사회에서는 소비의 기준이 기능을 따지는 유용성이 아닌, 느낌과 이미지를 나타내는 기호 가치에 따라 이루어진다고 했다. 쉽게 말해 물건 자체가 유용해서 구입하는 것이 아니라, 물건이 가지는 상징적 의미(기호)를 얻기 위해 구입한다는 것이다.

예를 들어, 저렴한 카페들이 있는데도 스타벅스나 블루 보틀에 가서 커피를 마시는 이유는 그 브랜드들이 가진 현대적이고 세련된 상징적(기호적) 가치를 소유하고 싶기 때문이다.

> 아침 일곱 시, 이선균이 선택한 '과학적' 침대에서 일어나 기지개를 켠다. 김태희처럼 사랑스럽게 디오스 냉장고 문을 열고, 송중기가 마시는 서울 우유를 꺼내 든다. 뚜레쥬르 곡물 빵에 치즈를 얹어 원빈의 미소와 함께 먹는다. "버블버블~" 한가인의 트롬 세탁기가 빨아 준 셔츠를 입고 집을 나선다. 아이유가 강추한 주유소에 들러 자동차에 기름을 넣는다. 완전 대세 하정우가 공형진에게 타 주는 맥심 커피를 한잔하고 업무를 시작한다.

위의 글은 연세대학교 심리학과 황상민 교수의 저서 『대통령과 루이비통』(들녘, 2012)의 프롤로그에 언급된 부분이다. 저자는 여기서 유명 연예인의 이름을 빼면 '특별한 그 무엇'이 '아무거나의 일상용품'이 된다고 말한다. 저자는 '아무거나'의 물건이 '특별한' 물건처럼 보이는 것은 물건 자체에 있지 않고 그 물건이 유명 연예인과 연결되었기 때문이라고 한다.

왜 대중들은 '아무거나'의 물건을 그토록 열심히 구입하려는 것인가?

이것을 장 보드리야르식으로 설명한다면, 제품 자체의 유용성보다는 자신도 그 제품을 구입함으로 유명 연예인들이 가진 선망의 대상이라는 기호 가치를 구입하기 위함이라는 것이다. 그는 이것을 "사회적 차이화의 논리"라는 용어로 설명한다. 타인보다 높고 화려한 사회적 지위를 상징하는 상품을 소유함으로 타인과 자신을 구별 짓고 싶어하는 차이의 심리가 소비 사회를 발생시키고 지탱한다는 것이다.

조작되는 기호 가치

그런데 장 보드리야르에 따르면 사람들은 자신과 타인의 차이를 발생시키고자 하는 마음에 "기호로서의 사물을 항상 **조작한다**"고 했다. 나의 것이 타인의 것과의 비교에서 더 우월한 지위를 확보하려면 그만한 차이가 발생되어야 하는데, 그 방법이 '기호의 가치를 조작'하는 것이다.

저자의 주장에 고개가 끄덕여진다. 물건 자체로는 차이를 발생시키는 것이 불가능하다. 하정우 씨가 마시는 맥심 커피나 일반인이 마시는 맥심은 똑같다. 그러나 그것이 하정우 씨의 손에 들리고 입에 닿음으로 맥심이라는 제품의 기호 가치가 급격히 올라간다. 그 가치에 매료된 사람들은 맥심 커피를 구입하는 것이다.

그런데 경쟁업체가 하정우 씨보다 더 인지도가 높은 광고 모델을 섭외해서 자사 커피의 기호 가치를 끌어올리면, 맥심 회사는 뒤질세라 그보다 더 인지도가 높은 광고 모델을 섭외해서 기호 가치를 끌어올린다. 이것이 바로 장 보드리야르가 말한 기호 가치의 조작이다. 제품의 기능은 동일한데 이렇게 기호 가치만 조작해 소비로 유도하는 것이다.

그가 말한 조작의 기법이 현대 사회에서 합법적으로 이루어지는 세계가 바로 광고시장이다. 소비자들은 어느 정도 광고의 이미지가 조작되었거나 제품의 기능이 과장되었음을 감안하고 광고를 본다. 실제 허위·과장 광고가 무수히 많이 적발되기도 한다.

그런데도 광고의 파급 효과는 매우 크다. 페이스북의 경우 전체 매출에서 광고가 차지하는 비율이 98퍼센트나 된다. 또한, 지난 2019년 서울시 전자상거래센터가 4천 명을 대상으로 진행한 'SNS 이용 조사'에 따르면, 두 명 중 한 명(52퍼센트)은 "소셜 미디어를 통해 상품을 구매한 적이 있다"고 응답했다.[6] 사람이 하루에 보통 5천 번의 광고에 노출되며, 150번 핸드폰을 열어 본다는 통계 결과도 있다.[7]

---

6 김지섭 기자 외 4인, "소비습관 파악, 광고 퍼붓는 알고리즘 … 노리는 건 결국 당신 지갑", 「조선일보」, 2021.01.02.
7 STONE의 매거진, "지금까지의 마케팅은 이제 끝이 났다", 오픈애즈, 2018.08.08.

왜 이런 현상이 빚어진 걸까?

기업은 광고를 통해 끊임없이 기호 가치를 조작하기 때문이다. 제품에 관심이 없더라도 제품의 기호 가치가 그의 지갑을 열게 하는 것이다. 위에서 언급했듯이, 맥심 커피를 별로 좋아하지 않는 사람도 맥심 커피의 진한 향과 시작하는 하정우의 아침 시간이라는 기호 가치를 욕망하기에 지갑을 열게 되는 것이다. 지르가즘의 노예에서 벗어나기 위해서는 이와 같은 조작을 분별할 수 있어야 한다. 분별하지 못하면 우리는 끊임없이 지르가즘의 노예로 존재하게 된다.

신(GOD)의 자리를 강탈하려는 소비주의

소비주의의 위력은 개인과 사회뿐 아니라 종교에까지도 미친다. 이는 심지어 기존의 종교를 대체하기까지 한다. 팀 J. 켈러(Timothy J. Keller)는 우상 노릇을 하는 모든 것을 하나님의 대용품, 즉 '**가짜 신**'(Counterfeit god)[8]으로 규정하며 그중에서도 "돈은 가장 보편적인 가짜 신이다"[9]라고 했다.

리차드 J. 포스터(Richard J. Foster)는 그의 책 『돈 섹스 권력』(두란노서원, 2011)에서 "재물"(마 6:24)이 아람어로 맘몬으로 표

---

8 팀 켈러, 『팀 켈러의 내가 만든 신』, 윤종석 역 (서울: 두란노서원, 2017), 21.
9 팀 켈러, 『팀 켈러의 내가 만든 신』, 108.

기된 것을 근거로 재물을 하나님과의 '**경쟁 신**'(a rival god)으로 설명했다. 이처럼 자본과 소비는 인간이 하나님 없이도 부유함과 충만함을 누릴 수 있다고 착각하게 만드는 가장 유력한 우상, 즉 하나님의 대체물이라 할 수 있다.

특히, 기존의 종교가 제공했던 초월성, 위로, 소망 등을 소비 사회에서는 소비주의가 제공하게 되었다. 장 보드리야르는 "시장, 상점가, 슈퍼마켓은 … 우유와 꿀 대신 케첩과 플라스틱 위에 네온의 불빛이 흐르는 **현대의 가나안 계곡**"[10]이라고 언급하며 현대의 시장(Market)을 하나님께서 이스라엘 백성에게 약속한 젖과 꿀이 흐르는 가나안 땅의 현존이라고 보았다.

그런데 이보다 시장의 위력을 더 강하게 정의한 자가 있었는데 바로 프란치스코 교황이다. 하비 콕스의 저서『신이 된 시장』(문예출판사, 2018)에 따르면, 교황은 2013년 11월 "복음의 기쁨"이란 문서를 발표했는데 출애굽기 32장의 황금송아지 숭배가 오늘날 돈에 대한 맹목적 숭배로 돌아왔다고 하면서 오늘날의 시장을 가리켜 "신격화된 시장"으로 지칭했다.

장 보드리야르가 시장을 신이 제공한 땅 '가나안'으로 보았다면, 교황은 한발 더 나아가 시장을 '신'(god)으로 본 것이다. 이처럼 오늘날 현대 사회에서 시장은 단순히 사람들에게

---

10 장 보드리야르,『소비의 사회, 그 신화와 구조』, 이상률 역 (서울: 문예출판사, 1999), 17.

구매 욕구를 충족시켜 주는 것 이상으로 종교적 충족감을 선사하며 신의 자리를 강탈하고 있다.

소비주의에 잠식당한 기독교

아래의 기사 내용은 오늘날 소비주의가 어떤 방식으로 기독교를 잠식하는지를 잘 보여 준다. 기사 중 한 부분을 인용하겠다.

> 백화점에 들어가서 물건을 구입함으로써 소비 욕망이 충족되면 마치 신성한 제의에 참여한 듯한 충족감을 가지듯이, 백화점 분위기의 예배당 안으로 들어가서 그곳에서 진행하는 각종 프로그램에 참여하면 예수의 제자로서의 삶의 실천과는 상관없이 구원받았다는 만족감에 취하게 된다는 것이다. … 성스러운 예배와 성경 공부, 가정 사역, 심리 치유 등은 교회가 수행해야 하는 과업인 것이 분명하고 성도들의 신앙생활에 귀중한 지침을 제공하기는 한다.
> 하지만, 백화점에 가서 적절한 필요를 충족시키기 위해 물품을 구매하는 정도를 넘어 구매 행위 자체가 신성함의 허위의식을 조장하게 되면 그 행위가 반복되고 그 행위 자체가 목적이 되어 소비'주의'(-ism)가 되듯이, 정작 구원에 필요한 것이 무엇인지도 모른 채 매주 교회 프로그램에 참여하며 신앙의 '상품'을 구매하는 것 자체가 목적이 될 때 신앙의 소비주

의를 초래하게 되는 것이다.[11]

물론 이런 지적이 모든 교회에 해당하지는 않겠지만, 대부분의 현대 교회는 세상과의 연결을 강조한 나머지 교회의 담을 너무 낮추어 크고 작게 소비주의를 허용했다. 또한, 굳이 교회의 모습을 지적하지 않더라도, 수많은 성도의 세계관은 이미 소비주의 문화에 젖어 있다. 숭배를 뜻하는 라틴어 컬투스(*cultus*)에서 문화(culture)가 나왔다.

즉, 문화는 무엇인가를 숭배(예배)하는 것이다. 문화에 종속되고 동경한다는 것은 그 문화를 숭배하는 것이다. 세상의 문화는 소비주의를 숭배한다. 그러니 성도 중에 세상의 가치관과 문화에 지배당하는 자들은 이미 소비주의를 예배하는 신자인 셈이다. 소비주의의 영향으로 수많은 성도와 교회가 마음이 부유해져서 하나님을 떠나고 있다. 그 결과 풍성한 것 같으나 결핍과 목마름을 호소하고 있다.

이것을 멈추고 다시금 하나님께 나아가려면 어떻게 해야 할까?

심령의 가난함과 물질적 가난

> 심령이 가난한 자는 복이 있나니 천국이 그들의 것임이요(마 5:3).

---

11   "데스크 시선-기독교 소비주의", 「베리타스」, 2015.02.02.

예수님은 하나님께 나아갈 방법을 말씀하신다. 그것은 '심령의 가난함'이다. 심령의 가난이란 마음의 가난을 뜻한다. 그리고 동시에 **물질적 가난**도 가리킨다. 이 구절의 누가복음 병행 구절에서 예수님은 "가난한 자는 복이 있나니"(눅 6:20)라고 하셨다. 이는 물질적 가난을 말씀하신 것이다.

미국 덴버신학교 신약학 교수 클렉 블롬버그(Craig L. Blomberg)는 '심령이 가난한 자'를 "지속되는 경제적 궁핍과 사회적 고통 때문에 오직 하나님만을 신뢰하는 자들"[12]로 해석함으로 심령의 가난함이 물질적 가난함과 구분할 수 없는 것임을 시사했다. 더욱이 '심령이 가난한 자'에서 '가난'은 헬라어 '프토코스'(πτωχός)로, 누가복음에서는 '거지'(눅 16:20)로 번역되었다. 이런 점은 예수님이 말씀하신 가난이 마음의 차원뿐만 아니라, 실제적인 물질적 가난도 뜻함을 의미한다.

양용의 교수는 그의 저서 『마태복음 어떻게 읽을 것인가』(성서유니온, 2018)에서 '심령이 가난한 자'를 물질적 가난과의 연관성 안에서 정의했다. 제자들이 예수님께 부름받을 때 자신들의 소유인 배를 버린 모습을 그 배경으로 삼았다.

마태복음 5장에서 예수님이 말씀하신 '심령이 가난한 자'란 마태복음 4장 말미에 자신들이 소유한 배를 버리고 예수님을

---

12 Blomberg, C, *Matthew* (Vol. 22) (Nashville: Broadman & Holman Publishers, 1922), 98-99.

따른 자들(마 4:20-22)을 가리킨다고 한 것이다. 그러므로 심령의 가난이란 단순히 마음의 차원에서뿐 아니라, 물질적 가난도 포함해서 말한다고 볼 수 있다.

심령의 가난: 소유에 대한 비움

그런데 여기서 중요한 점은 예수님이 말씀하신 물질적 가난은 '상태'가 아니라 '태도'라는 것이다. 물질적으로 가난한 상태가 무조건 복된 것은 아니다. 물질적 가난은 겸손을 가져다주기도 하지만, 반대로 가난 때문에 교만해지고 원망으로 가득한 인생을 살아갈 수도 있다. 그러니 가난의 상태가 무조건 복되지 않다.

그렇기에 예수님이 요청하신 물질적 가난이란 태도를 가리킨다. 물질이 많으냐 적으냐의 상태가 복과 저주를 결정하는 기준이 아니라, 얼마를 가졌든 **그 모든 것이 하나님의 소유임을 인정하는 태도**가 복과 저주의 기준이 된다. 예수님은 소유에 대한 자기 권한 의식을 비우고, 그 권한을 하나님께 이양하는 태도를 복되다고 선언하신 것이다.

이런 사실은 예수님과 부자 청년의 만남 속에서 잘 드러난다. 예수님은 율법의 계명을 잘 지키며 살았다는 자부심으로 의기양양한 부자 청년에게 한 가지 부족한 점을 지적하신다. 그것은 가난한 자들에게 자신의 재물을 나누지 못한 **태**

도다(눅 18:20-21).

여기서 눈여겨볼 점은 예수님이 부자 청년의 잘못을 지적할 때 재물이 많은 상태를 가리키지 않으셨다는 것이다. 예수님이 지적하신 것은 자신의 소유를 팔아 가난한 자들을 도우려는 태도의 부재였다. 그래서 예수님은 그 청년에게 그 유명한 말씀을 남기셨다.

> 낙타가 바늘귀로 들어가는 것이 부자가 하나님의 나라에 들어가는 것보다 쉬우니라(눅 18:25).

그가 복되지 않은 것은 부요하다는 **상태**가 아닌, 그 부요함을 나누지 못하는 **태도**에 있었다. 그 태도가 하나님 나라에 들어가는 것을 막다. 이런 관점에서 김완섭 목사는 자신의 저서 『팔복아 놀자』(이레서원, 2004)에서 "심령의 가난은 상태가 아니라 태도"라고 했다.

심령이 가난한 자가 복이 있는 것은 물질에 대한 바른 태도를 갖추라는 것이다. 소유의 많고 적음이 복과 저주를 결정짓는 기준이 아니다. 소유는 많아도 저주가 될 수 있고, 적어도 복이 될 수 있다. 복과 저주를 결정하는 기준은 소유를 얼마나 가졌느냐는 **상태**가 아닌, 내가 가진 모든 소유를 하나님의 것으로 인정하는 **태도**다.

삭개오의 비움, 그의 부요함

소유에 대해 하나님의 주권을 인정하는 태도를 보여 주는 한 명을 소개하고자 한다. 그는 바로 삭개오다. 삭개오의 이야기는 위에서 언급한 부자 청년의 스토리 바로 다음 장에 위치한다(눅 19:1-10). 이것은 성경이 두 사람의 이야기(story)를 대조하기 위해 의도적으로 배치한 것으로 볼 수 있다.

삭개오는 '부자'로 표현되었다(눅 19:2).

부자 청년과의 대조 속에서 부자 삭개오의 스토리는 우리에게 무엇을 도전하는가?

삭개오는 자신의 소유 중 절반을 가난한 자에게 주겠다고 한다. 또한, 타인의 것을 강탈했다면 네 배로 갚겠다고 말한다(눅 19:8). 구약 율법에 따르면 이런 경우에는 원래 금액의 5분의 1(20퍼센트)을 추가로 붙여 갚으라고 명령하고 있다(레 5:16; 민 5:7).

그러나 삭개오는 규정을 한참 뛰어넘어 네 배로 갚겠다고 선언한 것이다. 그는 예수님을 영접한 후 소유에 대한 태도가 확 바뀌었다.

삭개오가 활동한 여리고는 소비문화의 중심지였다. 그 당시 여리고는 예루살렘 다음으로 큰 도시였고, 요단강을 건너 예루살렘으로 가는 길목에 위치해 있었다. 발삼 향나무에서 나는 향료를 통해 많은 부를 축적하기도 했다. 그래서 당시에는

"팔레스타인에서 가장 비옥한 땅"[13]이라고 불렸다. 그러니 이곳에서 사람들은 소비하며 자신의 존재감을 확인했을 것이다.

삭개오도 이 중 한 명이었다. 세리였던 그는 소유와 소비를 위해서라면 동족의 배신자라는 불명예도 마다하지 않았다. 부정직한 방법으로 부를 축적하는 것도 서슴지 않는 소유의 종이자, 소비의 노예였다. 그러므로 삭개오의 이런 결단은 소비주의 앞에서 **심령을 가난하게 한 것**이었고, 하나님 없는 소비의 유토피아를 거부한 것을 가리킨다. 더 이상 자신을 소비의 노예로 방치시키지 않고, 그리스도의 노예가 되길 결단한 것이다.

그런 삭개오에게 예수님은 구원을 선포하신다.

> 예수께서 이르시되 오늘 구원이 이 집에 이르렀으니 … (눅 19:9).

삭개오는 인간을 소비하는 존재로 규정하는 소비 사회로부터 구원을 받았다. "나는 소비한다. 고로 존재한다"(I shop therefore I am)는 인간을 황폐화시키는 규정으로부터 해방되고, "나는 비운다. 고로 나는 존재한다"(I empty therefore I am)는 복음의 규정에 구속받게 되었다. 물질에 대한 비움의 태도 때문에 그는 이웃과 나눌 수 있게 되었다. 자기 인생을 예수님으

---

13 이병준, "예수 만남의 결과", 「미주크리스천신문」, 2019.06.22.

로 채움으로 이웃과 나눌 수 있는 마음의 부요함을 지니게 되었다. 그는 진정한 부자가 되었다.

하준파파의 비움, 그의 부요함

〈비글부부〉라는 유튜브 채널을 운영하는 부부가 있다. 수십만의 구독자를 보유한 인플루언서(influencer) 부부다. 큰아들 하준이의 이름을 따 '하준파파', '하준맘'이란 이름으로 활동한다. 다양한 사회 활동과 기부, 서로를 사랑하고 섬기는 아름다운 가정의 모습과 신실한 신앙생활의 모습이 사람들에게 감동을 주었고, 몇몇 불신자에게도 신앙을 갖도록 하는 선한 자극을 주기도 했다.

2020년 8월 컴패션 특집으로 방송된 〈세바시〉에서 하준파파는 본인이 20명의 아이를 후원하고 있으며, 2019년에는 3억을 개인 후원했다고 밝혔다. 자신은 그렇게 대단한 사람이 아니며 평범한 사람인데, 이런 삶을 살게 된 원인을 곰곰이 생각하다가 찾은 답이 바로 어머니였다.

어머니는 시골에 있는 작은 교회를 한평생 섬겼다. 어머니는 늘 예배 시간보다 한두 시간 일찍 가서 화장실 청소를 했다. 그가 왜 그렇게 사시냐고 여쭤보니, 어머니의 대답은 "누군가 하기 싫은 일인데, 내가 하면 좋잖아"라고 말씀하셨다고 한다.

또한, 어머니는 가난한 집안 사정으로 평생을 공장에서 일하셨다. 그런데 틈만 나면 공장에서 받은 돈으로 자신의 가정보다 어려운 가정을 찾아다니면서 과일 상자를 나눠 주셨다. 어머니는 화장실에서 청소하고 평생을 가난하게 살았지만, 하준파파에게 어머니의 모습은 최고의 부자로 기억되었다. 이웃을 사랑하고 섬길 수 있는 사람, 그 사람이 부자였다.

그는 방송 중에 얼마 전 둘째 아들 이준이가 먼저 하늘나라로 떠났다고 말하였다. 눈시울을 붉히면서 그는 나중에 하늘나라에 가서 이준이를 만났을 때 가난한 아빠가 아닌, 부자 아빠로 떳떳하게 만나고 싶다고 고백했다. 어머니가 자신에게 부자로 기억된 것처럼, 이준이에게 떳떳한 부자 아빠로 여겨지고 싶다는 고백이었다. 이웃을 잘 되게 하고, 이웃을 사랑하는 부자 말이다. 그는 비움의 능력을 알았다. 비울 때 채워진다는, 가난해질 때 부하게 된다는 역설의 배부름을 그는 알았다.

과잉화된 소비의 세계를 살아가는 현대인들이 구원받는 길은 물질에 대한 태도 변화에 있다. 자신을 물질의 주인으로 인식하는 태도를 경계하고 나를 비워 모든 소유의 주권과 권한을 하나님의 것으로 인정하는 태도 말이다. 이 태도를 지닌 자는 천국을 소유하여 부유해지는 복을 누리게 된다.

심령이 가난한 자는 복이 있나니 천국이 그들의 것임이요(마 5:3).

소비의 과잉 * 요약

1. 현대 시대는 소비 사회입니다.
   "나는 소비한다. 고로 존재한다"(I shop therefore I am).
   소비 사회 안에서 인간은 소비하는 존재로 정체성이 규정됩니다. 이 사회는 어떤 소유물을 지녔느냐에 따라 사람의 값어치가 결정되는 비인간화된 사회입니다.

2. 소비 사회에서 살아가는 현대인들이 당하는 문제는 두 가지입니다.

   첫째, 행복이 계량화된다는 점입니다.
   연봉의 액수, 아파트의 평수, 자동차의 연식 등으로 행복의 척도가 숫자로 매겨지기에 숫자가 작은 하위 그룹은 상대적 박탈감에 시달리게 됩니다.
   둘째, 과소비가 양산된다는 점입니다.
   소비 사회에서는 소비할 때 지르가즘을 느낍니다. 그러나 지속되지 못하는 순간적인 쾌락과 만족감은 지속적인 소비 행위에 대한 집착과 과잉으로 이어집니다. 그 결과 실용적 소비와 가치 구매는 현저히 줄어들고 과소비가 양산됩니다.

3. 소비 사회 안에서는 기존의 종교가 제공했던 초월성, 위로, 소망 등을 소비주의가 제공하게 됩니다. 사람들은 소비하면서 충족감, 기쁨, 활력을 얻기 때문입니다. 그 결과 소비주의는 신(GOD)의 자리를 강탈하고 현대인들은 소비를 우상숭배하고 있습니다.

4. 소비 사회의 대두로 발생한 문제를 극복하기 위한 대안은 '심령의 가난함'입니다. 병행 구절 누가복음(눅 6:20)과 대조했을 때 심령의 가난함은 물질적 가난함도 뜻합니다. 물질적 가난함이란 무조건 '가난한 상태'가 복이라는 주장이 아닙니다. 소유에 대한 비움의 태도, 즉 모든 소유의 주권을 하나님께 두는 태도를 가리킵니다. 무엇을 얼마나 소유했는지가 핵심이 아니라, 그 소유의 주인이 나라는 생각을 비우고, 하나님의 것으로 인정하는 태도가 심령의 가난함입니다.

5. 부자 청년(눅 18장)은 재물을 가난한 이웃들에게 나누지 못했기에 가난한 자로 존재했으나, 삭개오(눅 19장)는 규정 이상으로 나누었기에 부유한 자로 존재합니다.

소비의 과잉 * 소그룹 나눔

마음 열기

구입한 물건 중에 자신이 가장 아끼는 것은 무엇인가요?
그것을 구입한 동기는 무엇이었나요?
구입 후 시간이 지나 그것을 볼 때 드는 느낌은 어떤가요?(만족감/후회 등)

구입 동기의 예
(1) 실용성
(2) 가치 구매(착한 소비/선물/추구하는 가치관에 따른 소비)
(3) 과시적 소비(자기 효능감)
(4) 기분 전환(스트레스 해소)

나눔 및 적용

1. 소유와 소비에 집착할 때 생기는 문제에는 어떤 것이 있을까요? 본문에서는 상대적 박탈감과 과소비의 양산을 꼽았습니다. 이 외에 어떤 문제들이 발생할 수 있을지 서로 나누어 주세요.

2. 교회는 세상 안에 존재하기에 세상 문화에 영향을 받기 마련입니다. 현대 사회는 소비 사회입니다.
교회가 소비 사회로부터 받은 영향에는 어떤 것이 있을까요?
그것을 극복할 방안은 무엇일까요?

복음적 삶의 경계 세우기

소비의 유혹을 이길 성경적 대안은 심령의 가난함이라고 했습니다. 즉, 물질을 하나님의 것으로 인정하는 태도의 회복입니다. 내가 물질의 주인이라는 의식을 비우는 것입니다. 이런 의식을 토대로 이번 주 소비계획을 세운 후 서로 나누어 주세요.

2

자아의 과잉과 애통한 자의 복

> 애통하는 자는 복이 있나니
>
> 그들이 위로를 받을 것임이요(마 5:4).

부풀려진 자아

나는 자녀들의 장난감을 잘 사 주지 않는다. 과소비할 형편도 안 될 뿐더러 교육적 측면에서도 좋지 않다고 생각하기 때문이다. 그래도 아이에게도 기본적인 만족감은 필요하니 생일과 크리스마스 등의 기념일에만 장난감 선물을 준다. 그러다 보니 아이들은 기념일 한두 달 전부터 졸라대기 시작한다.

"몇 밤 더 자야 하냐?"

"먼저 사 주면 안 되냐" 등의 협상으로 부모를 졸라댄다.

지속적인 아이의 요구에 지친 나는 아이를 달래기 위해 "잘 기다리면 그날은 진짜 좋은 선물 사 줄 거야"라며 희망을 심어 주었다. 그런데 이것이 화근이었다. 당일 그토록 기다린 선물을 열었을 때 아이들은 실망을 금하지 못했다.

"이게 뭐야, 나 안 가져."

문제의 원인은 나에게 있었다. 만족을 모르는 아이의 높은 기대가 아니라, 그 기대를 부풀린 내 탓이었다.

이런 문제는 우리 삶의 다양한 영역과 관계 속에서 발생한다. 언젠가 읽었던 한 뉴스 기사는 미혼 시절 포르노에 심취했던 성인들이 부부 관계에서 만족감을 얻지 못해 섹스리스 부부가 된다는 내용이었다. 포르노가 보여 주는 성적 판타지를 부부 관계에서도 한껏 기대했는데, 현실은 그렇지 않으니 불만족을 느꼈고, 심한 경우는 섹스리스 부부가 된다는 내용이었다. 문제의 본질은 한껏 성적 교감의 기대를 부풀린 데 있었다.

이도영 목사는 각 개인이 불만족을 느끼고, 더 나아가 우울증이 이 시대의 질병이 된 근본 원인을 '자아 과잉'으로 지목했다. 그는 "지나치게 과잉된 자아를 만족시킬 수 없다는 상실감이 우울증을 낳고 있는지도 모른다"고 말했다.[1] 그의 진단은 설득력이 있다. 같은 양의 물을 작은 그릇에 넣을 때는 많아 보여도 큰 그릇에 넣으면 적어 보이듯, 부풀려진 자아,

---

1   이도영, 『코로나19 이후 시대와 한국 교회의 과제』(서울: 새물결플러스, 2020), 134.

과잉된 자아는 웬만한 것에 만족하지 못한다. 그러니 **불만족**을 느끼는 원인은 자신이 처한 외부 상황이 아니라, 자기 내면의 **부풀려진 자아**로 인함이다.

타인을 해치는 자아

부풀려진 자아는 불만족으로 자신의 삶을 해칠 뿐만 아니라 타인에게도 영향을 미친다. 『모멸감』(문학과지성사, 2014)의 저자 성공회대학교 김찬호 교수는 강연 프로그램인 〈세바시〉[2]에서 타인에게 언어로 모멸감을 주는 자는 대체로 자의식이 높은 자들이라고 주장한다.

자의식이 높은 자란 실체보다 자기를 대단한 사람이라고 여긴다. 즉, 부풀려진 자아를 가진 사람이다. 이들은 타인에게도 이것을 확인받고 싶어한다. 자신의 실체는 그런 수준(level)이 안 되면서도 자신이 부풀린 이상적인 수준(level)으로 인정받고 싶어 한다. 그런데 타인에게 이 인정을 받지 못하면 타인에게 모멸감을 주는 언어를 내뱉음으로 자신이 상대방보다 더 나은 사람이라고 확인하고 싶은 심리다. 이것이 바로 타인에게 모멸감이 전해지는 방식이다.

---

[2] 김찬호, "모멸감과 자존감", YouTube채널 〈세바시〉 553회, 2015. 4. 22.

그래서 김찬호 교수는 강연 끝부분에서 톨스토이의 말을 인용한다.

자기를 극복한 사람만이 남을 비난하지 않는다.

이는 자신을 부풀리려는 유혹을 극복한 사람만이 타인을 향한 비난과 모멸적인 언어를 멈출 수 있다는 의미로 볼 수 있다.

이것은 부풀려진 자아가 타인에게 해를 가하는 많은 경우 중 하나다. 우리 일상에서는 이런 예를 수도 없이 목격하며 살아간다. 오랜만에 지인들을 만났는데 자신의 일만 중요해 남의 말은 듣지 않으려 하고, 자기 말만 하는 경우다. 이런 사람 하나가 모임을 망친다.

반면 자기 마음에 들지 않는다고 모임에 나가서 말 한마디 섞지 않으려는 사람도 있다. 이런 사람이 있으면 모임 속에 불필요한 긴장감이 조성된다. 결국, 어떤 식의 모습으로 표현되든 부풀려진 자아는 공동체와 타인에게 해를 가한다.

이처럼 부풀려진 자아는 자신도 해치고 남도 해친다. 불만족으로 자신의 삶을 갉아 먹고, 타인에게는 분노로 해를 입힌다.

당신의 자아는 어떤가?

당신의 자아는 본래의 모습으로 평안한가, 아니면 부풀려져 자신과 타인을 해치고 있는가?

자아의 과잉을 부추기는 사회

우리로 하여금 자아를 부풀리게 하는 원인은 뭘까?
어쩌다가 우리는 부풀려진 자아로 자신과 타인을 해치며 살게 되었는가?

첫째, 현대 사회는 기능적 인간상을 요구한다.

알랭드 보통(Alain de Botton)은 그의 책 『불안』(은행나무, 2012)에서 현대 시대에 왜 경쟁 심리가 고취되고 있는지를 설명해 준다. 중세 시대 인간의 신분은 성직자, 귀족, 기사, 농민으로 나뉘어 있었고, 이들은 신분이 정해진 상태로 태어났기에 경쟁이 필요 없었다. 자연스럽게 지위와 계급의 차이에서 발생하는 정서적 거부감이나 불안감도 없었다.

그러나 근대로 넘어오면서 신분 계급제가 폐지된 후 인간은 철저히 능력으로 평가받게 되었다. 현대 사회에서 좋은 사람의 정의는 기능적 존재라고 할 수 있다. 예의 바르고 착하더라도 무능하다면 쓸모없는 인간으로 여겨진다. 인격이 아니라 기능으로 평가받는다.

그러니 현대인들은 더 나은 기능적 인간으로 인정받기 위해 자신의 자아를 부풀리는 유혹에 직면한다. '더 있어 보여야', '더 나은 기능을 가지고 있어야' 주류 사회로 편입될 수 있다는 생각에서다. 이처럼 사람을 기능으로 판단하는 사회적 관넘은 자아를 부풀리라는 메시지를 끊임없이 던진다.

특별히 제로 아워[3], 긱 경제[4] 등의 새로운 경제 용어의 대두는 얼마나 이 시대가 고용이 불안정한지를 보여 주는 증거라고 할 수 있겠다. 고용이 불안정하고 경쟁이 치열하니 우리는 자신의 삶을 지키기 위해 스스로의 자아를 부풀려야 하는 압박에 직면한다.

둘째, 현대 사회는 자존감 교육을 강조한다.

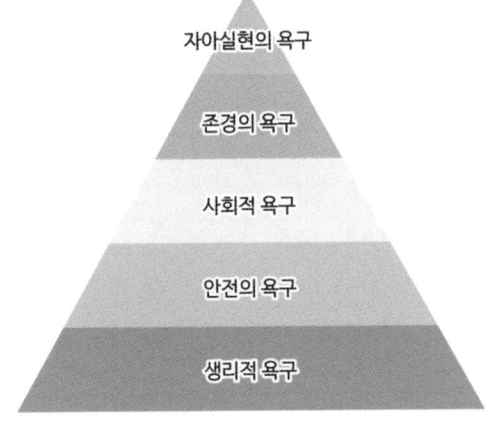

매슬로의 욕구 단계 이론[5]

---

3 최저시간이 따로 있지 않아 생기는 고용 불안정을 가리키는 용어.
4 「M이코노미뉴스」, "갈수록 확산되는 '긱 경제'(Gig Economy) … 약일까, 독일까?". 2019.07.11. 산업·경제 현장에서 특정 프로젝트나 기간이 정해진 단위 업무 수행 등 필요에 따라 사람을 구해 임시로 계약을 맺고 일을 맡기는 경제 방식을 의미한다.
5 https://lifeshare-lab.tistory.com/11.

아브라함 해럴드 매슬로(Abraham Harold Maslow)는 '욕구 단계 이론'(hierarchy of needs)을 통해 자존감 교육을 미국 사회를 이롭게 할 대안으로 제시했다. 그는 4단계-'존경 욕구'(esteem)를 통해 인간이 자아실현의 단계에 오를 수 있다고 주장했다. 그의 이론은 삽시간에 인기를 끌었다.

심리학자 너세니얼 브랜든이 쓴 『자존감의 심리학』(다산초당, 2017)은 출간되자마자 세계적인 베스트셀러로 등극했고, 존 바스콘셀로스는 캘리포니아주 의회 하원으로 취임한 후 처음 상정했던 법안이 '자존감과 개인적·사회적 책임감을 고양시키기 위한 캘리포니아 태스크포스' 설치를 위한 법률이었다.[6]

이렇게 미국 사회에 "자존감의 시대"(age of esteem)가 도래한 후, 로이 F. 바우마이스터(Roy F. Baumeister)가 등장했다. 그는 초기에 자존감 이론의 신봉자 중 하나였다. 그러나 그는 동료 연구진과 오랜 연구 끝에, 지난 2003년 30년간 축적된 자존감 연구에 반기를 들만한 논문을 발표하게 된다.

이 논문은 자존감과 성공에는 아무런 상관관계가 없다는 증거들로 가득 찼다. 예를 들어, 사관후보생들의 높은 자존감은 추후 그들이 장교로서 보여 준 객관적인 성과와 어떤 상관관계도 없었다. 더욱 충격적인 연구 결과는 성과가 저조한 사람들의 자존감을 높여 주면 성과가 향상되기는커녕 오히려 떨

---

6 타샤 유리크, 『자기 통찰』, 김미정 역 (서울: 저스트북스, 2018), 115-116.

어진다는 것이었다. 이에 대해 그는 아무런 객관적인 근거도 없이 자기 자신에 대해 지나치게 긍정적으로 생각하는 것이 성과를 떨어뜨리는 주요 원인이라고 분석했다.[7]

바우마이스터의 논문이 밝혔던 대로 자아가 부풀려진 이들에게 부가된 자존감 교육은 비대한 자아를 만들어 낸다. 사회 심리학자 박진영은 부가적인 자존감 교육이 사회에 끼치는 악영향에 대해 다음과 같이 주장했다.

> 자격 의식이 넘치는 사람에게 너는 대단하고 멋지며 사랑받을 만한 사람이라고 하는 일반적인 자존감 높이는 교육을 하면, 역시 내가 나쁜 게 아니라 날 몰라 주고 대접하지 않는 세상이 나쁘다며 되려 더 오만방자해지고 더 억울해하고 더 공격적일질 수 있다. … 이미 거품이 잔뜩 낀 자존감에 비행기를 태운 격이기 때문이다.[8]

이처럼 건강한 자아가 아닌 비대해진 자아는 자신의 소양 부족과 실책을 타인이나 사회 구조의 탓으로 돌린다. 부풀려진 자아로 자신을 오인하고 타인을 오해하며 사회를 병들게 한다.

---

7 유리크, 『자기 통찰』, 114-120.
8 박진영, "박진영의 사회심리학: 비대해진 자아는 자신을 위험에 빠뜨린다", 「동아사이언스」, 2019.08.10.

그러면 우리는 어떻게 자아의 제자리를 찾고 나와 타인의 삶을 지키며 살 수 있을까?

애통해야 할 이유: 웃는 것이 화로다!

> 애통하는 자는 복이 있나니 그들이 위로를 받을 것임이요(마 5:4).

'애통'은 헬라어 '펜쎄오'(πενθέω)로서 기본적으로 '슬퍼하다, 애곡하다'라는 뜻으로 사용된다. 이 단어는 70인경(LXX)에서 야곱이 요셉의 사망 소식을 듣고 "그의 아들을 위하여 **애통**"(창 37:34)했던 모습을 묘사할 때 쓰였다. 이만큼 애통은 극도의 슬픔을 의미한다.

그렇다면 예수님은 무엇을 위해 이렇게까지 슬퍼하라고 하셨을까?

누가복음 6:20-26은 마태복음의 팔복과 평행본문이다. 마태복음에 여덟 가지 복이 소개된 것과 달리 누가복음에서는 네 가지 복과 네 가지 화를 말씀하셔서 '4복 4화'로 불리기도 한다. 그중 애통과 관련된 본문은 다음과 같다.

> 화 있을진저 너희 지금 웃는 자여 너희가 애통하며 울리로다(눅 6:25).

예수님은 웃는 자를 가리켜 화가 있다고 말씀하신다.

웃는 것은 좋은 것이 아닌가?

왜 예수님은 웃는 자에게 저주를 선포하시는가?

"전통적 유대인의 표현법에 있어서 하나님 앞에서 웃는다는 것은 인간의 오만한 자기 확신과 교만을 나타내는 것"[9]이기 때문이다. 여기서 '웃는 자'는 헬라어 '게라오'(γελάω)로 창세기에서 하나님께서 늙은 아브라함에게 아들을 주신다고 하셨을 때, 마음속으로 비웃는 그의 태도를 묘사하며 쓰인 단어다(창 17:17). 아브라함은 하나님의 주권을 인정하지 않았다.

이처럼 인간의 웃음이란 하나님의 주권을 무시하고 스스로를 주인 삼는 인간의 교만을 상징하는 단어다. 그래서 예수님은 '웃는 자'는 화가 있다고 말씀하셨다.

애통하는 자: 축소된 자아

그러므로 웃는 자에게 애통하라는 말씀은 자신의 자아를 부풀려 자신을 주인 삼은 교만을 애통하라는 말씀이다. 지금까지 소망의 근거로 삼았던 자신의 외모, 학벌, 이력, 스펙을 다 부인하고 오직 어린양 되시는 예수님의 능력만을 자기 인생의 절대 소망으로 여기도록 애통하라는 것이다.

---

9 제자원, 『옥스퍼드 원어성경대전-누가복음』(서울: 제자원, 2001), 536.

애통은 자신 안에 소망을 발견할 수 없어 슬퍼하는 것이다. 애통이 있으면 절대로 자아를 부풀리지 못한다. 자신 안에서는 전혀 소망을 발견할 수 없기에 자아를 부풀리지 못하는 것이다. 그 결과 자기를 부인하고 예수님께 모든 소망을 두게 된다. 그렇기에 예수님은 애통하는 자가 복된 자라고 하셨다.

부풀려진 자아의 양산으로 자신과 타인을 해치는 것이 만연해진 이 사회에서 대안은 바로 애통이다. 애통이 있을 때 부풀려진 자아는 축소되어 원래의 자리로 돌아갈 것이고, 자신과 타인은 보호받을 것이다. 자신을 향해서는 자아의 그릇이 축소되었기에 채워졌다는 만족감을 누리고, 타인을 향해서는 '나만 특별하지 않고, 너도 특별하다'는 상생 의식으로 더불어 살아가게 될 것이다. 이것이 애통하는 자가 받는 복이다.

그렇다면 애통하는 자에게 주시는 복, '위로'가 어떻게 실현되는지 스데반 집사를 통해 살펴보자.

애통하는 자에게 주시는 위로

> 애통하는 자는 복이 있나니 그들이 **위로**를 받을 것임이요(마 5:4).

여기서 '위로'는 헬라어 '파라클렌세손타이'($παρακληθήσονται$)로 '파라'($παρα$, 곁에서)와 '칼레오'($καλεω$, 간청하다)의 합성어다. 이 단어는 고대 시대의 변호사를 뜻하는 용어였다. 변호사가

피고의 곁에 서서 그를 편들어 주고 변호하듯이, 예수님은 애통하는 자의 곁에 서서 그를 힘껏 위로하신다는 것이다.

성경에서 예수님의 변호를 받은 대표적인 모습을 꼽자면 바로 스데반이다.

> 스데반이 성령 충만하여 하늘을 우러러 주목하여 하나님의 영광과 및 예수께서 하나님 우편에 **서신 것을** 보고(행 7:55).

그는 예수께서 하나님 우편에 '서신 것'(ἑστῶτα, 헤스토타)을 보았다. 신약성경에서 '우편에 앉다'라는 말은 19회가 나오지만, '우편에 서다'라는 표현은 오늘 본문이 유일하다.

왜 이 본문만 예수님의 서 있는 모습을 강조한 것인가?

존 스토트(John Stott)는 이에 대해 답했다.

> 예수님은 변호사로서 혹은 첫 번째 순교자를 환영하기 위해 서 계셨다.[10]

스데반이 이 땅의 법정에서 사형을 언도받았을 때, 예수님은 하나님의 법정에서 그를 위해 변호하고 증언하신 것이다.

---

10 Stott, J. R. W., *The message of Acts: the Spirit, the church & the world* (Leicester, England; Downers Grove, IL: InterVarsity Press, 1994), 141.

이는 스데반에게 제공된 위로였다. 이것은 절대로 땅이 모방할 수 없는 위로였다.

스데반이 보인 반응

이런 위로를 받은 스데반은 억울한 죽음 앞에 놀라운 반응을 보인다. 사람들이 돌로 칠 때 "주 예수여 내 영혼을 받으시옵소서"(행 7:59)라며 자신의 죽음을 수용하는 모습을 보인다. 또한, 자신을 돌로 쳐 죽이는 자들을 정죄하기는커녕, "주여 이 죄를 그들에게 돌리지 마옵소서"(행 7:60)라며 그들을 용서한다.

만약 스데반이 자아가 부풀려진 사람이었다면 그는 자아가 부풀려져 하나님처럼 높아져 있기에 이런 형태의 죽음이 하나님의 계획이 선하지 못했거나 계산 착오의 결과라고 판단했을 것이다. 또한, 자신에게 사형을 언도한 타인을 향해서는 마지막 목숨이 끊어질 때까지 분노와 저주를 퍼부었을 것이다.

하지만 스데반의 자아는 부풀려지지 않았다. 그래서 자신의 분수를 깨닫고 이 상황의 주권자이신 하나님의 뜻을 겸허히 수용한 것이다. 자아를 축소시키니 하나님의 뜻에 대해 판단자가 되지 않고 수용자가 되었다. 그 결과 그는 예수님이 주시는 위로로 억울한 죽음의 상황을 족하게 받아들였다.

또한, 자신을 죽음으로 몰아넣은 가해자들을 용서하며 그들의 구원을 위해 기도할 수 있었다. 이것이 애통하여 자아를 축소시킨 스데반이 받은 위로의 복이다.

부풀려진 개구리: 바다 개구리

얼마 전 tvN 프로그램 〈유 퀴즈 온 더 블럭〉에 구글(Google) 수석 디자이너 김은주 씨가 출연했다. 그녀가 방송 중에 언급한 '우물 안 개구리'의 이야기가 참으로 인상적이었다. 자신은 한국에서 사는 것이 우물 안 개구리처럼 느껴져서 미국으로 갔단다.

그런데 막상 현실은 한인 식당, 한인 교회 등 한인들만 모이다 보니 한국보다 더 작은 우물에 살고 있는 자신을 발견했다고 한다. 답답함과 우울함이 왔고, 자신을 돌아본 끝에 문제의 핵심을 발견하게 되는데 그것이 바로 그녀가 재해석한 '우물 안 개구리'의 이야기였다.

문제의 핵심은 '우물 안'이 아니라, 우물 안에서 '불행'하게 산다는 것이다. 그녀는 우물 안을 벗어나야 한다는 생각 때문에 바다 개구리가 되고자 애를 썼다. 그녀에게 우물은 비전을 가로막는 방해물이었기에 벗어나야 할 것으로 인식한 것이다.

그런데 그녀는 미국 생활하던 중 바다 개구리는 없다는 걸 깨달았단다. 그토록 갈망하던 바다 개구리는 원래부터 존재하지 않은 허상이었음을 깨달은 것이다. 우물은 개구리를 억누르거나 비전을 가로막는 방해물이 아니라, 개구리에게 주어진 삶의 터전이었다. 개구리를 존재하게 하는 곳이었으며, 개구리에게는 족함을 주는 곳이었다. 그런데 바다 개구리가 되려고 욕망하고 허상에 속다 보니 우물이 불만족의 원인이 되었다는 것이다. 그 결과 자신에게는 만족이 없었고, 그 부정적 영향은 분명 타인에게도 어떤 형태로든 해를 가했을 것이다.

바다 개구리의 유혹

바다 개구리의 유혹은 우리에게도 동일하게 발생한다. 주부는 자신이 이렇게 살림만 하면서 처박혀 있을 존재가 아니라며 화려한 바깥세상이란 바다를 꿈꾼다. 중소기업 직원은 자신은 작은 회사에 몸담을 사람이 아니라며 대기업이란 바다를 꿈꾼다. 작은 집에 사는 자들은 큰 집이란 바다를 꿈꾼다. 그러다 보니 현재 내 삶에는 만족과 행복이 없다.

바다 개구리는 부풀려진 자아를 의미한다. 바다 개구리라는 허상에 속지 않고 자기를 인식할 때 행복한 개구리가 될 수 있다. 행복한 개구리는 자기 우물에 만족하며, 타인을 사랑과 공감으로 대할 수 있다.

부풀려진 자신의 자아를 축소하고 속히 애통함으로 나아가자. 나의 아름다운 우물에서 위로와 복을 누리자.

애통하는 자는 복이 있나니 그들이 위로를 받을 것임이요(마 5:4).

자아의 과잉 * 요약

1. 부풀려진 자아는 자신의 실체 이상으로 자신을 부풀려 인식하는 과잉 자아입니다. 자신을 부풀렸기에 웬만한 것들로는 채워지지 않아 스스로 만족이 안 됩니다. 또한, 자아가 높아졌기에 문제가 발생하면 자신에게는 문제가 없다고 여기고 타인 탓과 사회 구조 탓을 하며 관계 안에서 문제를 일으킵니다. 이처럼 부풀려진 자아는 자신에게 **불만족**을, 타인에게는 **해**를 가하는 결과를 초래합니다.

2. 이 사회는 각 개인이 자아를 부풀리도록 크게 두 가지의 압박을 가합니다.

   첫째, 과잉 경쟁 때문에 스스로가 더 탁월한 **기능적 인간임을 입증**해야 합니다. 그 결과 각 개인은 자신을 부풀려야 하는 압박을 받게 됩니다.
   둘째, 자존감 교육입니다. 이미 부풀려진 자아에 부가된 **자존감 교육**은 자아를 더 비대하게 만들었습니다. 비대해진 자아는 문제가 발생할 때 자신의 문제로 보지 않고 사회 구조를 탓합니다. 그 결과 자신도 성장하지 못하고, 타인에게도 해를 가하게 됩니다.

3. 자아 과잉으로 발생한 문제를 극복할 대안은 바로 **애통**입니다. 자신의 자아를 부풀려 자신을 주인 삼은 교만을 애통하는 것입니다. 애통이 있으면 절대로 자아를 부풀리지 못합니다. 애통이란 자신에게 소망이 없음을 깨닫고 슬픔을 느끼는 것이기 때문입니다. 애통이 있을 때 부풀려진 자아는 축소되어 원래의 자리로 돌아갈 것

이고, 자신과 타인을 해치는 일 역시 함께 축소될 것입니다.

4. 애통하는 자에게 주시는 복은 '위로'(파라클렌세손타이, $παρακληθήσονται$)입니다. 이 단어는 고대 시대의 변호사를 뜻하는 용어였습니다. 스데반은 예수님이 하나님 우편에 **서서** 자신을 변호해 준 것을 목격했습니다(행 7:55). 이것이 위로가 되어서 억울한 죽음의 상황도 만족으로 받아들이고, 자신을 죽인 사람들을 위해서도 축복하는 모습을 보여 줍니다. 스데반의 자아는 부풀려지지 않았기에 이 위로를 경험할 수 있었습니다.

자아의 과잉 * 소그룹 나눔

마음 열기

풍선이나 튜브에 바람을 많이 넣어서 터진 적이 있나요?
무엇이든지 과한 것은 터질 위험이 있습니다. 자신과 주변, 직장, 사회 등에서 무언가가 과해지는 현상에는 어떤 것이 있는지, 그것이 과잉될 때 어떤 문제가 발생할 수 있을지 함께 나누어 주세요.

과해지는 것들의 예

(1) 분노의 과열　　(2) 관계의 과잉　　(3) 인터넷, SNS의 과잉
(4) 정부의 과잉세금　(5) 노동의 과잉　　(6) 노후 대비의 과잉

나눔 및 적용

1. 이번 한 주, 가장 불만족을 느꼈던 일은 무엇이었나요?
   또한, 그 일로 타인과 관계적 갈등이 있었다면 나누어 주세요. 이런 불만족과 갈등이 보여 주는 나의 모습을 성찰해 봅시다.
2. 이 사회는 각 개인이 자아를 부풀리도록 크게 두 가지 압박을 가한다고 했습니다. 그중 한 가지는 과잉 경쟁에서 스스로를 더 탁월한 기능적 인간으로 보이도록 자신을 부풀려야 하는 압박이었습니다.
   요즘 나의 기능을 돋보이게 하려고 내가 노력하는 것은 무엇인가요?
   그 노력을 할 때 어떤 생각이 드나요?
   함께 나누어 주세요.

복음적 삶의 경계 세우기

당신이 지금 하고 있는 일은 무엇입니까?
당신은 행복한 개구리입니까?
행복한 개구리가 되려면 더 큰 우물을 동경하지 않고, 지금 내가 있는 우물을 가치 있게 여겨야 합니다. 지금 내가 하고 있는 일에 대한 감사의 제목을 세 가지씩 적고 나누어 봅시다.

3

권력의 과잉과 온유한 자의 복

> 온유한 자는 복이 있나니
>
> 그들이 땅을 기업으로 받을 것임이요(마 5:5).

위아래 구별 없는 권력의 과잉

A 팀장은 요새 스트레스가 이만저만이 아니다. 워라밸을 중시하는 젊은 팀원들에게 야근을 부탁하기 눈치가 보여 결국 혼자서 야근하며 남은 작업을 마무리한다. 이런 일이 요즘 들어 더욱 빈번해지고 있다.

언젠가 〈낀대〉라는 웹드라마가 나와 인기를 끌었다. 이 드라마의 주인공은 부장과 신입 사원 사이에 끼어 있는 팀장이다. 위로는 부장에게 까이고, 아래로는 신입 사원들에게 치이는 끼인 세대의 설움을 그린 드라마다. 팀장들의 답답함과 고민을 털어놓는 네이버 카페(Naver Cafe) '팀장클럽'은 개설한지 약 1년 6개월이 된 지금 회원 수 약 16,000명을 확보하고 있다(2021.8. 기준).

이런 '낀대' 현상은 오늘날 권력이 어떤 형태로 행사되는지 보여 준다. 기존에는 권력의 방향성이 위에서 아래로만 향하였다. 소위 아랫사람을 까는 데만 권력이 사용된 것이다.

그러나 이 시대는 권력 행사의 방향성이 위아래를 구별하지 않는 듯 보인다. 윗사람이 아랫사람으로부터 치이는 권력의 역갑질을 당하기도 하는 것이다. 자기 방식을 주장하거나 조금이라도 권위적인 모습을 보이면 '꼰대 같다', '올드하다', '비합리적이다'라는 평가가 돌아온다. 눈치 보여 입도 열기 힘들 지경이라는 하소연도 들린다.

집주인은 세입자의 눈치를 봐야 하고, 팀장은 팀원들의 거센 압박을 받고, 아버지는 자녀에게 몰린다. 존중과 평등이라는 명분이 역차별과 역갑질로 변질되기도 한다. 이런 면에서 우리는 모두 권력의 피해자이면서 동시에 가해자가 되기도 한다. 이전보다 피해자도 늘고 가해자도 늘었다. 윗사람은 윗사람대로 아랫사람은 아랫사람대로 상하 지위를 막론하고 누구나 권력을 휘두를 수 있게 되었으니 말이다. 오늘날 권력의 경계는 허물어졌고 이곳저곳에서 과잉 행사되고 있다.

권력 투쟁의 축소판

단순히 권력욕은 정치판에서만 일어나지 않는다. 두 사람 이상만 모여도 정치가 시작된다는 말이 있다. 둘만 모여도 상대방보다 높은 서열이 되고자 하는 현실정치가 일어나는 것이다. 이런 면에서 사실 정치판은 우리 삶의 축소판에 불과하다.

그만큼 우리는 삶 속에서 "사람들 사이의 의견 차이나 이해관계를 둘러싼 다툼을 해결하는 과정"[1]으로서의 정치(政治)가 아닌, 누군가를 압박하고 함정에 빠트려 나의 서열을 높이는 폭압의 정치를 하고 있는지도 모른다. 그 결과 우리의 삶은 피폐하다. 서로 지배하고 주도권을 쥐기 위해 우리는 섬김과 배려를 외면한다. 많은 관계가 아름답기보다 피폐하다.

권력 과잉의 시작

이 피폐함이 시작된 근원은 선악과 사건 때로 거슬러 올라간다. 선악과를 먹지 말라는 명령은 아담과 하와에게 하나님께 대한 순종의 의지가 있는지를 확인하려는 하나님의 테스트였다. 그러나 그들은 불순종해 선악과를 훔쳤다.

1　네이버(Naver) 지식백과.

선악과를 훔친 것은 단순한 절도 범죄를 넘어서서 하나님의 권위를 찬탈하려는 시도였다. 하나님이 선악과를 동산 중앙에 놓으셨는데, 디트리히 본회퍼(Dietrich Bonhoeffer)는 이는 인간 마음의 중앙(중심)에서 하나님을 주인으로 인정하라는 의도였다고 해석한다.[2] 그러므로 이들이 선악과를 먹은 것은 단순한 절도 행위가 아니라, 하나님의 말씀에 통제받지 않고 자기의 뜻을 실현해 하나님만큼 버금가는 신적 존재가 되려는 반역의 시도였다고 할 수 있다.

하나님은 인간을 자신보다 조금 못하게 지어진, 매우 월등한 존재로 창조하셨다.

> 그를 하나님보다 조금 못하게 하시고 영화와 존귀로 관을 씌우셨나이다(시 8:5).

이처럼 인간은 힘을 가진 존재로 창조되었다. 그런데 그 힘을 통제하지 못한 아담과 하와는 하나님을 밀어내고 자신이 하나님이 되고자 했다. 그러니 인간 타락은, 결국 권력에 대한 욕망이 불러온 변질이다.

2　디트리히 본회퍼, 『창조와 타락: 창세기 1-3장에 대한 신학적 주석』(서울: 복있는사람, 2019), 112.

변질의 후유증

변질의 대가는 컸다. 하나님에 대한 권력욕으로 타락한 인류는 그때부터 사람 사이에서 권력을 탐하기 시작했다. 아담과 하와는 서로를 지배하려 했다.

> 또 여자에게 이르시되 내가 네게 임신하는 고통을 크게 더하리니 네가 수고하고 자식을 낳을 것이며 너는 남편을 원하고 남편은 너를 다스릴 것이니라 하시고(창 3:16).

하나님은 아담과 하와를 각각 남자와 여자로 동등하게 창조하셨다(창 1:27). 그런데 이들은 타락 이후에 서로를 지배하려 했다. 하와가 아담을 '원하고'(תְּשׁוּקָה, 테수카)는 언뜻 보면 사모한다는 의미 같지만, 하나님이 동생을 죽인 가인에게 하신 말씀인 "죄가 너를 원하나 너는 죄를 다스릴지니라"(창 4:7)에서 '원하나'(תְּשׁוּקָה)와 같은 단어다. 즉, 죄가 가인을 지배하길 원하는 것처럼, 하와가 아담을 지배하길 원했다는 뜻이다.

아담과 하와는 서로를 다스리고 지배하길 원했다. 권력에 눈이 멀어 섬기려 하지 않고 서로를 정복하고자 했다. 아담과 하와 이후 인류는 지금까지 권력을 탐하고자 서로 죽이고 비방하고 물고 물리는 추악한 세계를 재생산하고 있다. 권력의 경계를 스스로 허물고 죄의 세계에 거하게 된 인류는 지금도 그 경계를 인지하지 못한 채, 권력 과잉의 세계를 이루어 살고 있다. 때론 권력에 짓밟히며, 때론 권력으로 누군가를 휘두르며 말이다.

권력 과잉이 양산되는 배경

이 시대에 권력 과잉이 심화되는 배경은 무엇일까?

위에서 언급한 것처럼 죄로 인한 타락 이후 모든 시대의 사람은 권력을 추구해 왔다. 그런데 현대에 더욱 권력이 과잉되는 이유는 현대에만 나타난 변화가 있기 때문이다.

과거에는 권력이 특정 소수의 전유물이었기에 그 경계가 분명했다. 권력을 탐하는 자들은 많았지만, 그 경계를 넘어설 수 있는 자들은 적었다. 그러나 오늘날 권력의 경계선은 희미해졌고 권력은 분산되었다. 소위 '보통의 사람들'도 이제는 권력을 쟁취할 가능성을 얻게 되니, 권력에 대한 집착은 심화되며, 권력 과잉이 두드러지고 있다.

얼마 전 30대의 젊은 나이에, 게다가 한 번도 의원직을 오르지 못한 인물이 거대 야당의 당 대표가 되었다. 25세의 젊은 여성이 청와대 1급 비서관에 임명되기도 했다. 이 두 사례는 우리 사회에서 권력의 경계가 허물어지고 있음을 단적으로 보여 준다. 나이가 지긋하고 경험치가 많은 연장자가 한 정당의 대표가 되어야 한다는 인식의 경계가 허물어진 것이다.

그래서 이제는 젊은 정치인들도 권력의 자리에 오를 수 있다는 기대를 갖게 한다. 트렌드 분석가인 김용섭은 사신의 저서 『결국, Z세대가 세상을 지배한다』(퍼블리온, 2021)에서 2030년 Z세대가 모두 유권자가 되는 2040년경이면 30대 대통령이 선출되고 30대 국회의원이 다수가 되는 것을 볼 수도 있을 것이라고 예상했다. 이처럼 인식의 경계가 허물어지니 이런 시나리오도 예상할 수 있게 된 것이다.

또한, 연예인과 방송인들이 독점하던 TV 속 세상도 풍경이 많이 바뀌었다. 높은 담과 단단한 경계가 무너지고 일반인들의 출연이 잦아졌다. 전문 방송인이 아니더라도 유튜브 스타들은 기존의 연예인과 방송인들이 독점했던 인지도와 인기라는 권력을 지니게 되었다. 공중파 방송의 경계가 무너지고 케이블 방송, 유튜브에 이르기까지 다양한 방송의 기회가 생기자 너도나도 방송에 도전하고 기회도 얻게 된 것이다.

많은 사람에게 기회가 돌아간다는 점, 일방적인 피해자가 되어야 하는 약자들이 약자의 권력을 행사할 수 있는 점에서는 이런 변화를 진보로 받아들일 수도 있다. 하지만 허물어진 경계선과 낮아진 담벼락이 가져온 권력의 과잉 현상이 새롭게 또 다른 많은 가해자와 피해자를 발생시킨다는 점에서 권력 과잉은 결국 사회를 병들게 한다.

이 문제를 어떻게 해결할 수 있을까?

모세를 통해 알아보는 온유한 자

> 온유한 자는 복이 있나니 그들이 땅을 기업으로 받을 것임이요 (마 5:5).

예수님은 이 굴레에서 벗어날 방법으로 온유를 말씀하셨다. '온유한 자'(πραεῖς, 프라에이스)란 '겸손한', '젠틀한'이라는 뜻을 담고 있다. 성경에서 '온유한'이라는 단어가 사람에게 쓰인 경우는 예수님과 모세 두 명뿐이다. 예수님은 신적 존재이기에, 모세는 성경에서 온유란 단어로 수식되는 유일한 인간이다.

> 이 사람 모세는 온유함이 지면의 모든 사람보다 더하더라(민 12:3).

이런 점에서 온유함에 관해 알아보기 위해서는 모세를 알아야 할 필요가 있다.

권위에 도전받는 모세

> 모세가 구스 여자를 취하였더니 그 구스 여자를 취하였으므로 미리암과 아론이 모세를 비방하니라 그들이 이르되 여호와께서 모세와만 말씀하셨느냐 우리와도 말씀하지 아니하셨느냐 하매 여호와께서 이 말을 들으셨더라(민 12:1-2).

모세가 구스 민족의 여인을 취했다. 본처인 십보라가 죽자 재혼한 것이다. 그런데 이걸 지켜보던 미리암과 아론은 모세가 이방 여인과 결혼한 것을 비난하기 시작한다. 비난의 목적은 권력 찬탈이었다.

> 여호와께서 모세와만 말씀하셨느냐 우리와도 말씀하지 아니하셨느냐 (민 12:2).

이 말에서 자신들을 제쳐두고 모세에게만 지도자의 권한을 준 것에 대한 불만을 감지할 수 있다. 미리암은 그 당시의 여선지자로 이스라엘 최초의 여성 리더십이었다고 할 수 있다. 그리고 아론은 대제사장이었다. 이렇게 미리암과 아론은 모세를 최측근에서 보필하던 보좌관들이었다.

사람이 권력의 맛을 보면 변하듯이 이들도 변질되어 더 큰 권력을 요구했다. 아브라함 링컨(Abraham Lincoln) 대통령이 생전에 이런 말을 했다.

> 어떤 사람의 인간 됨됨이를 알고 싶다면 그에게 권력을 쥐어 보게 하라.[3]

---

3   박준호, "강준만이 말하는 권력의 속성 그리고 집권 세력에 대한 비판", 「서울경제」, 2020.10.29.

미리암과 아론은 권력에 중독된 듯하다. 약 200만 명의 사람을 이끌며 권력의 맛을 보았던 이들은 결국 모세가 가진 지도자의 권위까지 욕심을 낸 것이다.

그런데 사실 모세가 구스 여인과 재혼한 것은 위법이 아니었다. 하나님이 이방인과 결혼을 금지했을 때 명백히 가나안 일곱 족속과의 통혼만을 금지하셨을 뿐(출 34:16; 신 7:1), 모든 이방인과의 결혼을 금지시키신 것은 아니었다(창 48:5; 룻 4:13-22). 그런데 미리암은 어떻게든 자신이 더 높은 권력을 갖고 싶으니 없는 죄도 만들고 합법도 불법으로 가장시켜 모세를 끌어내리려 했다.

권위의 자리는 온유한 자의 몫이다

이런 미리암과 아론의 반란에 하나님은 어떤 입장을 발표하셨는가?

> 이 사람 모세는 온유함이 지면의 모든 사람보다 더하더라(민 12:3).

하나님은 모세의 온유함이 모든 사람보다 더하다고 답변하셨다. 참 이해할 수 없는 답변이다.

자신들에게도 권력을 달라던 이들에게 하나님이 혼내시든지, 아니면 너희들은 깜냥이 안 된다며 타일러 보내시든지 해야지, 동문서답 같은 느낌의 이 답변은 무슨 의미일까?

원래 모세는 온유함과는 거리가 먼 사람이었다. 그가 애굽의 왕자로 있을 때 애굽 사람과 히브리 사람이 싸우는 것을 보고 자기 동족을 위해 우발적인 살인을 저지르게 된다. 살인의 의도는 없었지만, 순간적으로 폭력을 행사할 정도로 그는 굉장히 거친 사람이었던 것으로 보인다. 온유와 전혀 어울리지 않는 성품이었다.

그런데 광야에서의 40년은 모세의 자아가 철저히 부서지는 시간이었다. 그는 40년 동안 광야에서 소와 양을 돌보는 목동의 일을 했다. 매일 짐승에게 여물을 먹이고 젖을 짜고, 분비물을 치워 주는 허드렛일을 무려 40년 동안 하며 지낸 것이다. 왕년에는 애굽의 왕자로 명성을 날리던 그였다. 야생 짐승처럼 사람 하나 손쉽게 때려죽일 수 있었던 기고만장하고 교만한 그가 광야라는 고독의 현장에서 한없이 낮아졌다.

이렇게 모세는 광야 훈련을 통해 통제되고 길들여져 온유한 자가 되었다. 이런 면에서 온유한 자란 '착한 사람', '부드러운 사람', '온순한 자'란 뜻이 아니다. 온유한 자란 자신에게 야생 짐승 같은 거친 성격이 있어도 자신의 주인에게 길들여져 주인만을 위해 자신의 힘을 사용하는 것을 의미한다.

모세는 광야 훈련을 통해 길들여져 자신의 권력을 자신이 아닌 하나님의 영광을 위해 쓸 수 있는 뚜렷한 의식이 생기게 되었다. 하나님은 이렇게 낮아지고 온유해진 모세를 출애굽의

지도자로 부르셨다.

권력 찬탈을 꾀하던 두 사람에게 하나님이 모세의 온유함으로 대답하신 이유는 하나님의 말씀과 뜻에 따라 통제되고 길들여진 온유한 자에게 그 권력을 맡기시겠다는 답변을 주신 것이다. 권력을 자신의 야욕을 위해 갖고자 하는 자들에게 그 자리는 돌아가지 않을 것이라는 답변이었다.

권력: 길들여지지 않는 욕망

길들여지지 않은 미리암의 권력 욕망은 결국 끔찍한 나병으로 되돌아오게 된다(민 12:10). 길들여지지 않는 힘은 오히려 자신을 망가뜨리고 더 나아가 스스로를 제어하지 못하는 괴물로 만들 뿐이다. 한 유튜브 방송에서 김기석 목사는 이런 말을 했다.

> 가장 신성한(sacred) 것이 변질되면 가장 마성적(demonic)인 것이 된다.[4]

가장 거룩한 것이 타락해 변질되면 가장 악마적이 된다는 뜻이다. 길들여지지 않은 채 권력을 탐할 때, 오히려 그것이

---

4 김기석, "목사님들의 성추문, 정치적 선동을 보면 크리스천이라고 말하기 너무 부끄러워요.", YouTube채널 〈잘잘법〉 EP. 20, 2020.02.21.

성도를 마성적으로 변질시킨다.

예수님은 권력을 갖기 위해 서로를 지배하려는 추악한 굴레에서 벗어날 수 있는 방법은 온유라고 답하셨다. 길들여진 모세는 온유함으로 신성하게 공동체를 다스렸지만, 길들여지지 않은 미리암과 아론은 이 굴레에 속박되어 마성적인 괴물이 되었다.

그러므로 권력을 탐하기 위해 상대방을 쉽게 비방하고 쉽게 정죄하며 죽이는 이 시대의 대안은 바로 길들여짐이다.

그대는 하나님께 길들여지고 있는가?

'길들여지는 것'(온유)이 복이다.

말씀의 순종에 대한 현실적 고민

위에서 살펴본 것을 통해 우리는 하나님께 길들여진 자가 복이 있다는 것을 인정하게 된다. 그런데 현실에서는 많은 고민이 든다. 남들은 하고 싶은 것 다 하면서 사는데, 나만 하나님의 뜻에 길들여져 살다가 손해 보는 것은 아닌지 말이다.

이런 고민에 답을 주는 것이 시편의 말씀이다. 예수님이 말씀하신 "온유한 자는 복이 있나니"(마 5:5)라는 말씀은 시편의 말씀을 배경으로 하신 것이다.

> 그러나 온유한 자들은 땅을 차지하며 풍성한 화평으로 즐거워하리로다(시 37:11).

시편 37편은 이스라엘 사회에서 벌어지고 있는 불공정과 양극화에 대한 하나님의 답변이다.

> 악을 행하는 자들 때문에 불평하지 말며 불의를 행하는 자들을 시기하지 말지어다(시 37:1).

하나님은 악을 행하는 자들 때문에 불평하거나 시기하지 말라고 말씀하신다.

이들이 어떤 악을 행했을까?

온유한 자들이 땅을 차지한다는 언급, 시편 37편에서만 땅을 주신다는 약속이 5회(9, 11, 22, 29, 34절)나 나온다는 점을 통해 이들의 악행은 땅을 불법적으로 착취하고 투기 및 매매한 것으로 추정할 수 있다. 하나님은 이미 율법을 통해 땅 투기와 매매를 금지시켰다(레 25:23).

그런데 이스라엘 사회가 시간이 흐르면서 하나님의 뜻을 따르는 것에 느슨해지자 투기와 매매가 일어나게 되었다. 이 때문에 경제적 양극화가 일어나고 심각한 불평등이 초래되었던 것 같다.

악인들은 하나님께 불순종해 땅을 계속해서 증식시키며 부유해진 반면, 하나님의 말씀을 신실하게 지켰던 온유한 자들은 땅을 빼앗기며 생존의 위협을 받게 되는 지경에 이르게 된 것이다. 하나님 말씀을 신실하게 지켰는데 결과가 이러하니, 이들에게 순종에 대한 회의와 갈등이 발생했을 것이다.

이것은 우리에게도 동일하게 발생하는 고민이다. 우리 주변을 보면 하나님의 말씀에 길들여짐을 거부하고, 자신의 욕망으로 부와 영예를 일군 권력자들이 많이 있다. 그들은 떵떵거리며 잘 사는데, 말씀에 길들임을 당하고 순종하는 그리스도인들이 가난하게 사는 것을 볼 때 이런 고민을 하지 않을 수 없을 것이다. 어디까지 순종해야 하는 건지 어느 정도 자유해도 되는 건지, 우리는 경계를 알지 못하고 괴로워한다.

하나님의 답변: 여호와를 의뢰하라

하나님은 이에 대한 답을 주셨다.

> 그들은 풀과 같이 속히 베임을 당할 것이며 푸른 채소 같이 쇠잔할 것임이로다 여호와를 의뢰하고 선을 행하라 땅에 머무는 동안 그의 성실을 먹을거리로 삼을지어다(시 37:2-3).

하나님을 의뢰하라고 하신다. 불법을 저지른 자들은 언젠가 풀과 같이 베임을 당할 것이니 악인들이 부유해지는 당장의 현실을 보면서 낙담하거나 마음의 중심을 빼앗기지 말고 오직 하나님을 의뢰하라고 하시는 것이다.

하나님을 신뢰할 수 있는 근거

무엇을 근거로 하나님을 신뢰할 수 있는가?

시편 37편에서 가장 많이 언급되는 주체는 바로 하나님이시다. 하나님은 여호와(יהוה)로 17회 등장한다. 37편 안에서 의인과 악인보다 훨씬 더 많이 등장하는 것이 바로 '여호와'다. 온유한 자에게 땅이 주어지고 불법을 행하는 자들에게 심판이 가해지는 현상의 배후에는 하나님의 일하심이 있음을 의미한다.

당장은 길들여지지 않은 자가 승승장구하는 것 같아도, 결국 길들여진 자가 땅을 얻으며 승리할 것을 우리는 신뢰해야 한다. 이 사실을 신뢰할 수 있는 근거는 하나님이 이 땅의 통치자이기 때문이다.

각 나라에는 그 나라만의 고유한 문화와 질서가 있다. 예를 들면, 브라질에서는 손으로 오케이 사인(OK sign)이 여성을 성적으로 비하하는 제스처라고 한다.[5] 그런데 이 문화를 무시하고 해외 관광객이 이 제스처를 하게 되면 그 사람은 곤욕을 치르게 될 것이다. 반면 이 문화를 존중하고 지키는 자는 그 나라에서 받아들여지고 인정받으며 살아갈 수 있을 것이다.

우리가 잘 아는 것처럼 역사란 단어 history는 "그의(his)+이야기(story)"의 합성어다. 과거, 현재 그리고 미래의 역사가 모두 하나님의 손에 있다. 그러니 하나님에 의해 길들여져 하나님을 신뢰하고 그의 뜻대로 행하는 온유한 자가 땅을 얻게 된다. 그러므로 길들여짐(온유)은 복이다.

당장 현실에서는 악인이 형통하고 의인이 가난과 고통 가운데 살아갈 수 있다. 그것을 목격하고 우리는 괴로워할 수 있다. 하지만 이때 시편의 말씀을 다시 기억하고 붙들자.

> 그러나 온유한 자들은 땅을 차지하며 풍성한 화평으로 즐거워하리로다(시 37:11).

5　임희윤, "브라질 가선 'OK' 마세요 … 해외 진출 아이돌그룹, 현지 에티켓교육 한창", 「동아닷컴」, 2012.03.20.

하나님께 길들여진 자, 권력을 길들이다

유발 노아 하라리(Yuval Noah Harari)의 저서 『사피엔스』(김영사, 2015)에 보면 깊은 통찰이 있는 역발상을 한 가지 소개한다. 그것은 인간이 밀을 길들인 것이 아니라, 밀이 인간을 길들였다는 것이다. 밀을 재배하기 위해서는 등을 구부렸다 폈다 하며 땅을 파고 물을 주는 등의 중한 노동을 하게 된다. 그 결과 사람들의 신체는 많은 질병을 앓게 되었다. 실제로 고대인 유골을 보면 디스크, 관절, 탈장 등이 많이 발견되었다고 한다.

저자는 '길들이다', '가축화하다'라는 뜻의 영어 domesticate가 '집'이란 뜻의 라틴어 도무스(*domus*)에서 파생되었다고 한다. 인간은 더 많은 밀을 재배하고자 중한 노동을 견뎠다. 아프고 지친 몸으로 집으로 돌아왔다가 다시 회복되면 일하러 나갔다. 그들에게 있어 집이란 마치 짐승이 노동을 마치고 다음 날 다시 일하기 위해 휴식하고 대기하는 '우리'와도 같았던 것이다. 그래서 저자는 인간이 밀을 길들인 것이 아니라 밀이 인간을 길들였다고 한 것이다.

이 역발상으로 우리의 삶을 들여다 보자. 인간은 경계를 두지 않고 더 높은 권력을 잡고 소유하려고 애쓴다. 하지만 그럴수록 인간은 권력에 길들여진다. 그 맛을 볼수록 점점 더 권력의 노예가 된다. 우리가 권력을 잡은 것 같으나 실상은 그 권력에 길들여져 속박당하게 된다.

그 결과 인간은 끊임없는 반목, 갈등, 질투, 시샘, 정죄의 굴레에 갇혀 살게 된다.

이 굴레에서 해방될 대안이 무엇인가?

하나님께 길들여진 온유한 자가 되는 것이다. 하나님 말씀의 경계 안에 머물라. 하나님께 길들여진 자, 권력을 길들이게 된다.

> 온유한 자는 복이 있나니 그들이 땅을 기업으로 받을 것임이요 (마 5:5).

권력의 과잉 * 요약

1. 권력 과잉의 기원은 아담과 하와 때로 거슬러 올라갑니다. 인간이 타락한 것은 바로 권력을 탐했기 때문입니다. 인간은 하나님의 말씀을 어기고 선악과를 먹었습니다. 이는 단순한 절도 행위가 아니라, 자신이 하나님의 말씀에 통제받는 것을 거부하고 하나님만큼 버금가는 신적 존재가 되려는 반역이었습니다. 경계를 넘어선 인간 타락은 결국 권력에 대한 욕망이 불러온 변질이었습니다.

2. 변질은 아담과 하와가 서로를 지배하려는 권력 과잉을 초래했습니다. 그 후 사람들은 서로를 지배하고 주도권을 확보해 상대보다 우위를 점하려는 권력 찬탈의 굴레에 속박당하게 되었습니다. 우리 역시도 이 굴레에서 벗어나지 못합니다.

3. 모세는 성경 안에서 '온유한'이라는 단어로 수식되는 유일한 사람이었습니다(민 12:3). 그런데 원래 모세는 온유와는 거리가 멀었습니다. 그는 애굽 사람에게 폭력을 행사하고 살인까지 저지른 거친 사람이었습니다. 그런데 광야 40년의 생활을 통해 모세는 주인이신 하나님의 뜻에 길들여졌습니다.
이 훈련을 통해 모세는 자신의 권력을 자신이 아닌 하나님의 영광을 위해 쓸 수 있는 뚜렷한 의식이 생기게 되었습니다. 온유란 자신의 힘과 권력을 주인을 위해 쓰는 길들여짐을 뜻합니다. 온유는 권력을 소유하려는 욕망을 극복하게 합니다. 온유는 권력 과잉의 대안입니다.

4. 온유한 자가 복이 있다는 말씀은 예수님이 시편의 말씀을 배경 삼아 하신 것입니다.

> 그러나 온유한 자들은 땅을 차지하며 풍성한 화평으로 즐거워하리로다(시 37:11).

구약 율법에 따르면 토지 매매를 금지했습니다. 그러나 말씀에 길들여지지 않은 악인들이 땅을 매매해 소유를 넓혔고, 말씀에 길들여진 의인들은 땅을 빼앗기는 일이 발생했습니다. 그러나 하나님은 반드시 길들여진 자에게 땅을 주신다고 약속하셨습니다. 하나님이 역사의 주관자이기에 이 약속을 신뢰할 수 있습니다.

권력의 과잉 * 소그룹 나눔

마음 열기

만약 내가 공동체(회사, 군대, 나라)의 서열 1위의 권력가가 된다면 그 권력으로 제일 하고 싶은 일은 무엇인가요?

나눔 및 적용

1. 당신이 현재 소유한 권한에 대해 함께 나누어 보세요.
   내가 당연하게 지시 혹은 결정할 수 있는 권한이 상대방에게 가해질 때, 상대방은 어떤 느낌을 받을까요?
   상대방의 입장에서 생각하고 나누어 봅시다.

> **일상 권한의 예**
>
> (1) 회사 팀장으로서의 지시할 수 있는 권한
> (2) 교회의 직분자 또는 리더십으로 결정할 수 있는 권한
> (3) 자녀에게 심부름 혹은 일을 지시할 수 있는 권한
> (4) 정부를 향해서 요구할 수 있는 권한
> (5) 주부가 반찬을 마음대로 결정할 수 있는 권한

2. 우리 주변 사람이나 우리 사회에서 권력을 남용하는 경우가 있습니다. 그것은 하나님의 뜻에 의해 길들여지지 않은 것입니다. 이런 사례를 나누어 주세요. 그것을 모아 기도제목으로 삼고 함께 기도하는 시간을 가져 주세요.

복음적 삶의 경계 세우기

내 힘과 권위를 드러내기 위해 애썼던 나의 모습을 구체적으로 적어 봅시다. 그리고 그 모습을 어떻게 개선할지 개선할 사항도 구체적으로 적어 보고 실천해 봅시다.

4

종교성의 과잉과 의에 주리고 목마른 자의 복

> 의에 주리고 목마른 자는 복이 있나니
>
> 그들이 배부를 것임이요(마 5:6).

야, OOO 목사 나오라고 해!

약 10여 년 전, 섬기던 교회의 한 성도에게서 들은 말이다. 당시 사역했던 교회는 예배당 이전 문제로 곤욕을 치르고 있었다. 각자의 주장만 제기하다 보니 서로의 의견이 첨예하게 부딪혔고, 서로를 향해 예민해진 마음이 공격적인 언어로 튀어나오기 일쑤였다. 어느 날, 무슨 연유인지 모르겠지만 한 집사님이 꽤 흥분하신 듯 상기된 얼굴로 사무실 안에 있는 한 부목사님을 거칠게 불러냈다. 마침 사무실 밖으로 나오며 그분을 마주친 나에게 그분은 거칠고 무례한 태도로 소리쳤다.

"야, OOO 목사 나오라고 해!"

참으로 당황스러웠다. 그는 아무런 문제가 없을 때는 '신앙인' 같았으나 자신의 이해관계가 달린 문제가 발생하자 그 탈을 벗어 던지고 자신의 실체인 '종교인'의 모습을 드러내는 것 같았다(여기서 종교인은 신앙인과 대조되는 개념으로 내면의 변화 없이 종교적 형식과 행위에 몰두하는 자를 가리킨다).

결국, 그분은 얼마 후 교회를 떠나셨다. 퇴장하는 자의 마지막 모습은 아름다워야 하거늘 내게 삿대질하며 고함치던 모습이 마지막인 것이 참 안타까웠다.

그런데 나는 어떨까?

나의 인격과 태도는 참 신앙인의 모습일까?

나 역시 이 질문 앞에 떳떳하지 못한 부분이 많다. 겉으로 표현하지는 않았지만 속으로 그분을 정죄하고 비방했던 마음들은 종교인으로서의 내 실체를 폭로하는 것과 같았다.

신앙인과 종교인의 구분점

참된 신앙인과 형식적인 종교인을 구분하는 기준에는 여러 가지가 있겠지만 그중 하나를 꼽으라고 한다면 바로 '자기'에 대한 태도다. 자기를 부인하는 자는 신앙인이지만 자기를 긍정하는 자는 종교인이다. 이재철 목사의 저서 『비전의 사람』(홍성사, 2020)을 보면, 종교학에서 고등 종교와 하등 종교를 구별하는 기준을 "자기 부인"(self-denial)이라고 말했다.

즉, 성직자와 성도가 자기 부인의 삶을 살면 고등 종교이고, 자기 부인의 삶이 결여되면 하등 종교라는 것이다. 책에서는 기독교, 이슬람교, 불교, 이 세 종교를 고등 종교로 분류하는데, 고등 종교가 타락할 때 공통적으로 나타나는 세 가지 특징이 있다고 말한다. 이 세 가지 특징은 다음과 같다.

(1) 성직자 급증
(2) 종교 기관의 급증
(3) 신앙의 기복화

저자는 이 세 가지 현상이 일어나는 원인을 설명하는데 요약하면 다음과 같다.

(1) 성직자의 급증
성직자의 급증은 더 이상 고등 종교가 자기 부인을 추구하지 않는 것으로 설명된다. 자기 부인은 쉽지 않은 일이다. 그 길은 인간의 본성을 거스르는 길이기 때문이다. 만약 자기 부인이 제대로 이루어지는 종교라면 성직자가 급증하기 어렵다. 성직자의 급증은 그만큼 자기 부인이 실현되지 않고 있다는 증거다.

(2) 종교 기관의 급증

성직자가 급증하니 자연스럽게 종교 기관이 늘어난다. 공급된 성직자를 수용할 기관이 필요한 것이다.

(3) 신앙의 기복화

성직자와 종교 기관이 늘어나면 생존 경쟁이 불가피하다. 종교에 소속된 성도는 한정되어 있는데 성직자와 종교 기관이 늘어나다 보니 성도의 헌금에 생존이 의존된 성직자 입장에서는 어떤 방법을 써서라도 성도를 붙잡아야 한다. 그러다 보니 어쩔 수 없이 그들에게 무조건적인 복을 빌어 주는 기복주의를 선택하게 된다는 것이다.

기복주의의 결과: 자기 부인을 '부인'하는 종교인

이 분석대로라면 고등 종교의 타락은 신앙인이 아닌 종교인의 배출을 부추기고 있다고 할 수 있다. 성직자의 과잉 현상은 결국 기복주의의 과잉 현상을 만들어낸다. 기복주의가 과하게 성행하는 종교에는 자기 부인을 '부인'하는 종교인만 존재할 뿐이다. 그 부작용은 우리가 이미 내·외적으로 겪고 있다.

내적으로는 교회가 분열되고 외적으로는 교회가 사회의 지탄을 받고 있다. 코로나19를 통해 교회는 혐오 집단이 되었다. 그 중심에는 자기 부인을 철저히 '부인'하는 종교인들이 거한다.

박영돈 교수는 자신의 저서 『일그러진 한국 교회의 얼굴』(IVP, 2013)에서 자기 부인의 중요성을 강조한다.

> 교회는 목사와 장로의 무덤이 되어야 한다. 그래야 그리스도가 사신다. 반면 우리가 살아 있으면 교회는 그리스도의 무덤이 된다.

우리는 교회를 누구의 무덤으로 만들어 가고 있는가?

많은 지도자와 성도가 오늘날 교회를 그리스도의 무덤으로 만들고 있다. '자기 부인'을 부인하는 교회는 종교성만 넘쳐날 뿐 생명력이 결핍된다. 외적 종교 행위는 과잉되지만, 내면의 신앙 질서는 붕괴된다.

그대는 종교인인가, 아니면 신앙인인가?

종교 중독: 해로운 신앙

문제는 놔두면 심화되기 마련이다. 종교성의 과잉을 내버려두면 '종교 중독'이 된다. 스티븐 아터번(Stephen Arterburn)과 잭 펠톤(Jack Felton)이 함께 집필한 『해로운 신앙 : 종교 중독과 영적 학대의 치유』(*Toxic Faith: Experiencing healing*) (그리심, 2013)

는 종교 중독을 다룬 책이다.

이들은 해로운 신앙(toxic faith)을 "하나님과의 관계가 아니라 개인의 삶을 통제하는 종교에 파괴적이고 위험스러울 정도로 몰두하는 것"으로 정의한다.

그들의 표현을 빌려 설명하자면 해로운 신앙이란 "하나님과의 진정한 관계를 통해서 이뤄질 수 있는 영적 성장을 가장한 모조품"이다. 그 결과 해로운 신앙을 가진 사람들은 "교회 중독"(churchaholism)이나 외형적 종교 의식에 대해 강박적인 태도를 지닌다고 분석했다.

저자들이 왜 종교 중독을 해로운 신앙이라고 말했는지 이해가 되는가?

중독에 빠진 자들은 종교 행위에 집착하고 종교성을 하나님의 모조품으로 여겨 육적인 만족을 얻고자 한다. 마치 마약에 빠진 사람처럼 이런 만족을 얻고자 이들은 종교 행위 혹은 종교성에 지속적으로 강박적인 태도를 갖는다. 이들에게 하나님과의 관계는 결여되어 있다. 영적 만족도 없다. 자기 부인을 '부인'한 자들은 이런 패턴에 익숙해져 자신이 메말라 가고 있는지 인식하지도 못한 채 메말라간다.

그렇다면 왜 이토록 우리가 종교성을 추구하게 되었는가?

종교인 양성의 배경

우리로 하여금 종교성을 유발시키는 배경에는 어떤 것이 있을까?

다양한 배경이 있겠지만 여기서는 두 가지를 제시하고자 한다.

첫째, 인정 중독이다.

신앙인과 종교인을 가르는 경계 중 하나는 사람에게 인정받는 욕구를 통제할 수 있는가다. 물론 신앙인들도 때로는 사람의 칭찬과 인정에 목마를 때도 있다. 그러나 종교인으로 사는 자들의 종교 행위는 사람의 칭찬만을 목적으로 둔다.

감리교신학대학교 조경철 교수의 저서 『예수와 하나님 나라의 윤리』(성서학연구소, 2006)에 따르면, 본래 이스라엘 사회에서 '가난한 자'는 실제로 경제적으로 가난한 자를 가리켰는데 신구약 중간기 이후부터는 '가난한 사람'에 대한 이해가 달라졌다고 한다. 이 시기에 종교적 엘리트 그룹은 자신들이 가난한 사람으로 인식되길 원했다.

이유가 무엇이었을까?

그 답을 달라스 알버트 윌라드(Dallas Albert Willard)의 저서 『하나님의 모략』(*The Divine Conspiracy*) (복있는사람, 2015)에서 찾아보고자 한다.

> 오늘날 '심령이 가난하다'는 말에는 최초에 담겨 있던 영적 빈곤의 의미가 더 이상 들어가 있지 않다. 놀랍게도 그 말은 칭찬할 만한 훌륭한 상태를 가리키는 말이 되고 말았다.

모든 종교에는 금욕을 추구하는 측면이 있다. 그래서 부자보다는 가난한 자가 더 겸손할 것이라는 일반적 인식이 있다. 이런 심리를 이용해 종교적 엘리트들은 가난의 이미지를 활용해 남들에게 칭찬받고자 했던 것이다. 이런 인정 중독이 성도를 참된 신앙의 길에서 멀어지게 하고 종교성을 양산하는 배경이 된다.

둘째, 복음에 대한 무지다.

종교성이 강화되는 또 하나의 배경은 복음에 대한 무지 때문이다. 강연가이자 작가인 리언의 저서 『명화로 읽는 전염병의 세계사』(뮤즈, 2020)에는 '채찍질 고행단'에 대한 소개가 나온다. 이들은 1260년에 이탈리아에서 처음 시작된 것으로 알려져 있다. 이들 고행단은 자신들의 몸에 채찍질하거나 상처를 내어 하나님의 분노를 누그러뜨리는 것이 참회라고 생각했다.

채찍질 고행이 유난히 기승을 부렸던 시기는 바로 흑사병 때였다. 그러나 큰 효과를 보기는커녕 이들이 무리를 지어 여러 마을을 이동하면서 오히려 흑사병을 더 확산시키기도 했다. 결국, 이들 고행단은 1350년 이후 점차 사라지게 되었다.

중세 로마 교회는 고행을 구원을 이루는 방편으로 보았기에 이런 일이 자행될 수 있었던 것이다. 로마 교회에 이런 논리가 주류를 이루고 있었던 배경에는 복음에 대한 무지가 있었다. 복음을 모르니 이런 자발적인 고생, 금욕 등의 종교성이 강화되었던 것이다.

종교인에서 신앙인으로 변화된 대표적인 사람으로 마틴 루터를 들 수 있다. 루터는 많은 시간 동안 신앙을 짐처럼 여기며 살았는데 그 이유는 로마서의 이 말씀 때문이었다.

> 복음에는 **하나님의 의**가 나타나서 믿음으로 믿음에 이르게 하나니 기록된 바 오직 의인은 믿음으로 말미암아 살리라 함과 같으니라 (롬 1:17).

그에게는 '하나님의 의'가 너무 두려웠다. 루터가 살던 중세에는 이 '하나님의 의'를 의로운 기준으로 보았다. 하나님의 성품은 의롭기 때문에 의로운 기준에 합당하지 못한 자들을 용서하지 못하고 심판하신다고 생각했던 것이다. 그래서 루터는 자신의 육적 생각을 없애고자 스스로 채찍질을 가했다.[1]

시간이 지나 루터는 '하나님의 의'가 자신을 심판하는 의로운 기준이 아니라, 의로움이 결여된 죄인에게 의로움이 되어 주셔

---

1 김현배, "칭의 없이 성화 이루려 한 루터", 「뉴스파워」, 2015.04.29.

서 구원하시는 '하나님의 의'라는 사실을 깨닫고는 당시 자신의 감정을 이렇게 설명했다.

> 이 점을 깨닫자 나는 다시 태어나서 천국으로 통하는 활짝 열린 문으로 들어선 느낌이었다.[2]

추정컨대 루터는 이것을 깨달은 후 스스로 채찍질을 가하는 등의 종교적 고행을 시도하지 않았을 것이다. '하나님의 의'가 더 이상 종교적 고행을 요청하지 않음을 깨달았기 때문이다. 이처럼 루터는 복음을 알게 되었을 때 종교성을 멈출 수 있었다. 복음에 무지할 때 종교성은 활발히 구현된다.

종교인의 열심은 자기 고갈로 귀결된다

> 의에 주리고 목마른 자는 복이 있나니 그들이 배부를 것임이요 (마 5:6).

자신의 종교적 의를 내려놓고 하나님의 의에 주리고 목마른 자는 배부르게 된다. 윌리엄 바클레이(William Barclay)는 여기서 '의'라는 말이 헬라어 문법상의 속격이 아닌 직접 목적격으

---

2 이한규, "교회사(39)-루터의 영혼을 흔든 진리", 「굿뉴스데일리」, 2014.06.03.

로 되어 있기에 '전부'를 가리킨다고 주장했다. 그래서 그는 본 절을 다음과 같이 번역했다.

> 전체적이고 총체적인 의에 대해 그리고 완전한 의에 대해 주리고 목마른 자는 복이 있나니.[3]

그렇기에 인간은 이 '완전하고 총체적인 의'를 추구할 때 진정한 배부름을 경험하게 된다.

주창윤 교수의 저서 『허기 사회』(글항아리, 2013)에 의하면, 우리 사회는 무엇이든지 과잉되는 사회지만 사람들은 오히려 허기를 느끼는데, 저자는 그 원인을 경쟁에 몰두하게 하는 사회 구조에 있다고 진단한다.

경쟁이 목적이 되는 사회에서는 소진이 미덕이 된다. 자신을 소진시켜야 경쟁에서 우위를 점할 수 있기 때문이다. 이런 구조 속에서는 하루를 불태워 살지 않으면 뭔가 찝찝함을 느낀다. 자신이 게을렀다는 생각에 남들보다 뒤처졌다고 자책하기 때문이다.

그러니 그는 이 찝찝한 마음을 극복하고 성취감을 맛보기 위해서라도 더욱 자신을 불태운다. 경쟁에서 못 이겼더라도

---

3 윌리엄 바클레이, 『바클레이 성경주석 마태복음-상』, 편찬위원회 역 (서울: 기독교문사, 1971), 127.

최소한 열심히 살았다는 자기변호라도 얻기 위해서다. 그래서 경쟁이 치열한 사회일수록 소진은 과열된다. 하지만 소진의 결과는 배고픔이다.

불태운 만큼 번아웃(burn out, 탈진)되는 것이 당연하지 않은가?

종교인은 비슷한 원리로 소진된다. 종교인들의 세계에서는 자기 헌신(Self-dedication)을 가장한 종교 행위가 많으면 많을수록 미덕이 된다. 좋은 성도로 인정받는 것이다. 그렇기에 이 세계에 속한 자들은 종교 행위를 지속해 자기 고갈(Self-depletion)과 소진에 이르게 하는 것이 미덕이다. 하루 종일 교회에서 뛰어다녀야 좋은 성도처럼 보이는 것이다.

문제는 이들이 신앙을 통해 부어지는 내면의 동력 없이 행위만 강조하다 보니, 채움이 아닌 고갈에 이르게 된다는 것이다. 이들에게는 예수님이 약속하신 배부름이 없다. 예수님이 요구하신 '의'를 구하는 자는 배부르게 되지만, 종교적 '의'를 구하는 자는 결핍과 허기짐을 경험할 수밖에 없다.

종교성과 싸우라

마틴 로이드 존스(Martyn Lloyd Jones)는 그의 저서 『하나님 나라』(*The Kingdom of God*) (복있는사람, 2008)에서 기독교의 가장 큰 적수를 "종교성"으로 꼽았다. 그래서 우리에게 필요한 것은 바로 믿음의 싸움이다.

나를 허기지게 했던 '자기 의'를 내려놓고 나를 배부르게 할 하나님의 의를 추구해야 한다. 이 변화를 위해서 우리에게 요청되는 것은 바로 믿음의 선한 싸움이다. 팀 켈러도 자신의 저서 『팀 켈러의 인생 질문』(*Encounters with Jesus*) (두란노서원, 2019)에서 J. C. 라일의 글을 인용해 이 주장을 전개한다.

> 세상에는 참된 기독교 신앙이 아닌 많은 것이 종교라는 이름으로 통용되고 있다. 검열도 통과하고 무뎌진 양심을 달래 주지만 진품은 아니다. 수많은 사람이 매 주일 교회에 가서 예배를 드리고 스스로 그리스도인이라 부른다. … 하지만 그들의 신앙에는 어떤 '싸움'도 없다. 그들은 영적 분투, 노력, 갈등, 자기 부인, 깨어 있음, 긴장 같은 것을 전혀 알지 못한다.

그대는 싸우고 있는가?

나를 허기지게 할 '종교적 의'를 버릴 싸움 말이다. 싸우지 않으면 그대는 스스로 자각하지 못하는 사이에 종교인으로 전락해 허기질 것이다. 반면 싸우는 자는 배부르게 될 것이다.

그렇다면 이 싸움에서 승리하기 위해서 우리가 붙들어야 할 것은 무엇인가?

종교인에서 신앙인으로, 변화의 동력은 사랑

종교인에서 신앙인으로 변화되는 싸움에서 이기기 위해 우리가 붙들어야 할 것은 하나님의 사랑이다. 위에서 언급한 대로 이 '의'는 전체적이고, 완전하며 총체적 의다. 그러므로 이것은 인간이 종교 행위를 통해 도달할 수 있는 성격의 것이 아니다. 이것은 오직 하나님만이 제공하실 수 있는 의다.

그렇기에 이 의는 하나님이 선택한 자에게만 제공하신다. 피조 된 인간이라고 해서 모두가 이 의를 수여받지 못한다. 오직 하나님이 선택하신 자들만 받게 된다.

> 곧 창세 전에 그리스도 안에서 우리를 **택하사** 우리로 사랑 안에서 그 앞에 거룩하고 흠이 없게 하시려고(엡 1:4).

왜 하나님이 우리를 선택하셨는가에 대한 대답을 우리 속에서는 찾을 수 없다. 그만큼 신비하고 초월적인 사랑이다. 이유를 굳이 찾고자 한다면 그것은 바로 "그 기쁘신 뜻대로"(엡 1:5) 하셨다는 것이다. 왜 날 사랑하셨냐는 물음에 하나님의 대답은 단지 기뻐서였다. 이유 없이 그대라는 존재 자체가 기쁘고 좋아서였다.

이 사실을 잘 드러내 주는 것이 야곱과 에서의 이야기다. 야곱과 에서가 살던 시대는 족장의 시대였다. 하나님은 1대 아

4. 종교성의 과잉과 의에 주리고 목마른 자의 복

브라함과 2대 이삭에 이어, 이제 3대째 족장의 계보를 이어갈 자를 야곱과 에서 둘 중에 선택하셔야 했다. 이들이 처한 환경과 상황을 보자면 에서 쪽이 더 유리했다.

에서는 야곱보다 더 성실하고 훌륭한 인격을 가진 사람이었다.

> 그 아이들이 장성하매 에서는 **익숙한** 사냥꾼이었으므로 들사람이 되고 야곱은 **조용한** 사람이었으므로 장막에 거주하니(창 25:27).

에서를 수식하는 단어는 '익숙한 사냥꾼'이다. 여기서 '익숙한'(עֹדֵיַ,이드)은 '이해하다', '깨닫게 되다'라는 뜻이다. 이 단어는 에서의 근면성을 시사한다. 고령의 나이에 앞도 잘 보지 못하는 아버지 이삭을 대신해 가정의 생계를 책임지기 위해 사냥을 많이 해서 이제는 그 분야를 이해하고 깨닫게 된 능숙한 '마스터'의 단계에 올라선 것을 시사한다고 볼 수 있다.

반면 야곱의 수식어는 '조용한'(תָּם,탐) 사람이었다. 이는 기본적으로는 차분하고 고요한 라이프 스타일을 의미하는데, 앞에 에서의 수식어 '능숙한'이라는 말과 대조해서 해석하자면 근면하지 못하다는 뜻으로 풀이할 수 있다.

가정의 생계를 책임지려고 성실하고 근면하게 활동하는 에서와는 달리 엄마 리브가의 치맛바람 속에서 가정 생계를 돕는 별 활동 없이 어떻게 하면 형의 장자권을 뺏을지 궁리만 하는 성실하지 못한 모습을 표현한 것으로 볼 수 있다.

더욱이 장자권의 축복을 직접 시행하는 아버지 이삭의 마음은 이미 에서 쪽으로 기울어 있었다.

> 이삭은 에서가 사냥한 고기를 좋아하므로 그를 사랑하고 리브가는 야곱을 사랑하였더라(창 25:28).

이삭은 듬직한 맏아들을 좋아하며 의존했기에 그를 후계자로 선택할 마음을 품었을 것이다.

이런 상황들을 종합해 보았을 때, 에서가 이삭으로부터 족장권을 물려받는 것은 당연하게 보인다. 그런데 예상과는 달리 야곱이 장자의 축복을 받아, 제3대 족장이 된다(창 27:29). 이것은 "큰 자가 어린 자를 섬기리라"(창 25:23)라는 하나님의 뜻이 성취된 것이다. 이것은 하나님이 야곱을 사랑하셨기에 선택한 것이다.

하나님이 왜 야곱을 사랑했는지 우리는 알 수 없다. 이유 없이 야곱이라는 존재 자체가 기쁘고 좋았던 것이다. 이것은 우리에게도 그대로 해당된다. 하나님은 이유 없이 우리 각자를 사랑하신다. 그래서 우리를 택하셔서 '의'를 수여하신다. 그 결과 우리는 배부르게 된다.

그러므로 그대는 하나님께 종교인으로 나아가서는 안 된다. 그대는 종교인이 될 수 없다. 이 사랑이 있는 자는 종교인으로 존재할 수 없다. 그러므로 종교성 과잉과의 싸움에서 승리하기 위해 우리가 붙들어야 할 것은 바로 하나님의 사랑이다. 조건과 이유 없이 사랑해 주시는 그 사랑 말이다.

> 의에 주리고 목마른 자는 복이 있나니 그들이 배부를 것임이요 (마 5:6).

종교성의 과잉 * 요약

1. 종교학에서는 고등 종교와 하등 종교를 구별하는 기준을 "자기 부인"(self-denial)으로 봅니다. 성도가 자기 부인의 삶을 살면 고등 종교이고, 자기 부인의 삶이 결여되면 하등 종교입니다. 고등 종교의 타락은 신앙인이 아닌 종교인의 배출을 부추킨다고 할 수 있습니다. 자기를 부인하는 자는 신앙인이고, 자기 부인을 '부인'하는 자는 종교인입니다.

2. 종교인이 양성되는 배경으로 크게 두 가지를 다루었습니다.

   첫째, 인정 중독입니다.
   물론 신앙인들도 때로는 사람의 칭찬과 인정에 목마를 때도 있습니다. 그러나 종교인들은 사람의 칭찬만을 종교의 목적으로 둡니다.
   둘째, 복음에 대한 무지입니다.
   중세 가톨릭 시대의 '채찍질 고행단'과 같이 고통과 금욕을 통해 참회에 이르고자 하는 종교 행위는 복음에 대한 무지에서 비롯됩니다. 자신들의 금욕 행위(종교성)를 통해 신의 용서를 구할 수 있다는 인식이 오늘날도 수많은 종교인을 양산하고 있습니다.

3. 예수님이 말씀하신 '의'는 전체적이고 총체적이며 완전한 의입니다. 그렇기에 인간이 진정한 배부름을 경험하기 위해서는 종교 행위를 통해 얻는 의가 아닌, 예수님이 요구하신 은혜로 얻는 의를 구해야 합니다. 종교인들은 자기 헌신(Self-dedication)을 가장한 종교 행위가 많으면 많을수록 미덕으로 여깁니다. 그러나 그 결과

는 자기 고갈(Self-depletion)과 소진에 이르게 됩니다. 신앙을 통해 부어지는 내면의 동력 없이 행위만 강조되나 보니 채움이 아닌 고갈에 이르게 됩니다.

4. 종교인에서 신앙인으로의 변화의 동력은 하나님의 사랑으로 주어집니다. 이 '의'는 오직 은혜와 사랑으로 하나님이 선택한 자들에게만 주십니다. 야곱은 에서보다 모든 면에서 부족했으나 하나님의 은혜와 사랑에 의해 선택됩니다. 그리스도인은 이 조건 없는 사랑을 받은 자이기에 종교인으로 존재할 수 없습니다.

종교성의 과잉 * 소그룹 나눔

마음 열기

당신이 아는 기독교인 중에서 참 신앙인이 아닌 종교인의 모습을 보여 준 사람이 있나요?
혹은 나의 모습에서 발견한 종교인의 모습이 있나요?
나누어 주세요.

나눔 및 적용

1. 앞에서 종교인을 양성시키는 요인 두 가지, '인정 중독'과 '복음에 대한 무지'를 다루었습니다. 지금까지 살아오면서 사람에게 인정받기 위해 교회 봉사를 했던 경험 또는 성장보다는 소진되었던 경험이 있었다면 함께 나누어 주세요.

2. 종교인은 '자기 의'가 강해서 자신의 주장과 견해만 우깁니다. 내가 내려놓아야 할 '자기 의'는 무엇인지 나누어 주세요.

복음적 삶의 경계 세우기

종교인에서 신앙인으로 변화되기 위해서는 복음을 알아야 하고, 하나님의 사랑을 늘 확인해야 합니다. 그래야 하나님 사랑의 감격으로 신앙인으로 존재할 수 있습니다. 하나님의 사랑을 늘 확인할 수 있는 구체적인 방법을 고민한 후 나누어 주세요.

> 예 (1) 하루 한 구절씩 하나님의 사랑에 관련된 성경 구절 묵상
> 예 (2) 알람을 일정 시간마다 울리도록 해서 그때마다 하나님의 사랑을 묵상하기

5

기능의 과잉과 긍휼히 여기는 자의 복

> 긍휼히 여기는 자는 복이 있나니
> 그들이 긍휼히 여김을 받을 것임이요(마 5:7).

흔한 명칭, "야!"

"야, 이 XX야, 이런 것도 하나 똑바로 못해!"

화가 난 사장님은 살벌한 육두문자와 함께 내 정강이를 두 차례 걷어찼고, 난 속으로 비명을 삼키며 쏟아진 물건들을 주워 담기 시작했다.

난 소위 말하는 '공고'에 진학했다. 어릴 때부터 공부에 두각을 나타내던 형과는 달리 소질도, 그다지 관심도 없었기에 빨리 돈이나 벌자는 생각이었다. 고등학교 3학년이 되면 2학기 때는 취업을 나가야 졸업 자격이 주어졌다. 이력서를 낸 한 회사에서 면접을 보라고 연락이 왔다. 난생 처음 보는 면접이라 근무 시간, 근무 조건 등을 협의할 생각도 못 하고 사장실에 걸린 성경 구절 액자를 기도 응답이라고 생각하고는 바로 계약을 맺었다. 그는 한 교회의 집사 직분을 받은 분이었다.

초기에는 사장님의 스타일이 마음에 들었다. 일하는 스타일도 화끈했고 시원시원했다. 가끔 야근하는 날 술 마시러 가자는 제안을 빼놓고는 지낼 만했다. 그러나 하루하루 시간이 흐르며 사장님은 나를 점점 편하게 대하기 시작했다. 당시 내 나이 19세. 사장님의 자녀들보다 어린 편이었고, 그분의 기질 또한 포스를 풍기며 관계에서 재빨리 우위를 점하는 스타일이었으니 적응해야 하는가 보다 하며 덮어 두려 했다.

그런데 존대해 주던 말투는 어느 날 갑자기 반말로 바뀌었고, 호칭 또한 어느 순간 "야"로 바뀌어 있었다. 회사가 바쁘다는 핑계로 고압적으로 근무시간을 마음대로 결정했고, 아침 8시부터 밤 10시까지 하루에 14시간 일하고 내가 받는 월급은 40만 원도 채 되지 않았다.

고된 노동

사건은 다른 회사에서 조달받은 물품을 옮기는 과정에서 일어났다. 그만 실수로 물품을 쏟고 만 것이다. 분노한 사장님은 육두문자와 함께 내 정강이를 두 번 걷어찼다. 수치심과 억울함에 눈물이 핑 돌았지만 난 참았다.

19세라는 어린 나이에 하루에 14시간 노동은 버거웠다. 근무 조건을 넘겨 일했고 수당도 따로 받지 못했지만 그래도 참아야 한다고 생각했다. 식사 시간은 사장님이 자리에서 일어나면 끝이었다. 빨리 먹느라 자주 배탈이 나도 이것 또한 참아야 한다고 생각했다. 중간에 외부에 나가야 하는 심부름을 하고 돌아오면 부장님이 내가 다녀온 시간을 체크해서 사장님께 보고했고, 사장님은 왜 이렇게 늦었냐며, 어디 가서 시간 때우고 온 건 아니냐고 나를 추궁했다.

가장 힘든 시간은 하루에 한 번 주변 업체에 가서 물품을 받아 오는 시간이었다. 늘 여자고등학교 앞을 지나쳐야 했는데 내가 가는 시간이 여자고등학교 하교 시간과 맞물렸다. 단정하고 깔끔하게 교복을 입은 비슷한 또래 여학생들 무리 사이를 난 기름때 묻은 작업복을 입고 지나가야 했다. 내 안에 창피함과 수치심이란 감정이 고개를 들었고 나는 고개를 푹 숙인 채 땅을 보며 그 길을 지났던 것 같다.

고압적인 태도의 사장님과 열악한 근무 환경, 여물지 않은 어린 자아로 느껴야 했던 수치심은 어린 내게 매우 가혹했던 기억이다.

존엄함을 포기한 자아

그런데 정작 나를 가장 힘들게 한 것은 고된 근무 환경이나 수치심이 아니었다. 내 고유의 존엄함이 조금씩 떨어져 나가고 있는데도 그것을 참아야 한다는 생각을 가진 '그런 나'가 나를 가장 힘들게 했다.

지금 다시 그런 상황에 놓인다면 어떨까?

참지 않고 내 존엄을 지킨다고 하며 다르게 행동할 수 있을까?

당시 나는 퇴사해 버리면 졸업할 수 없었기에 버틸 수밖에 없었다. 지금 이 사회의 각 개인 역시도 마찬가지일 것이다. 사회 구조에서 뿜어져 나오는 고압적인 정책과 분위기 앞에서도 각자의 생존을 위해 버티는 자들이 많을 것이다. 기능적 인간이 되지 않으면 이 구조에서 생존이 어렵기 때문에 의도적으로 자신의 존엄성을 망각하려 한다. 그때보다는 나은 시대가 되었겠지만 여전히 존엄을 지키며 산다는 게 쉽지 않다.

존엄함을 지켜주지 않는 사회

어느 사회나 공동체든지 '보잘것없는 사람'(Nobody)이 존재한다. 사회는 그들의 존엄함을 인정해 주지 않는다. 이 사회는 '노머니(no money) =노머시(no mercy)'가 성립되는 사회다.

재벌 회장이 방망이로 사원을 두들겨 패고, 전 직원이 보는 앞에서 직원을 무릎 꿇게 하고 버젓이 폭행을 가한다. 그러니 이런 사회 분위기 속에서 사람들은 자신과 타인의 존엄함을 지켜내는 일보다는 타인을 지배하고 휘두를 수 있는 돈과 권력을 사냥하기에만 바쁘다.

이런 사회에서 타인의 존엄함을 지켜 주기를 바라는 문화는 기대하기 어렵다. 이것을 정신의학자 정혜신 박사는 지적했다. 그녀는 자신의 저서 『당신이 옳다』(해냄출판사, 2018)에서 "사람을 존재 자체로 주목하고 인정하지 않는 공기는 미세먼지처럼 우리 사회를 덮고 있는 중"이라고 말한다. 그녀의 표현에 따르면 먼지가 경계 없이 진입할 수 있듯이 사람의 존엄성을 지켜 주지 않는 정서와 문화는 신분과 관계없이 무차별적으로 이 사회를 덮어 가고 있다.

그 결과 나와 타인의 존엄을 지키는 경계가 허물어지고 있다. 인간을 존엄이 아닌 기능으로만 대하는 사회는 결국 탈이 날 수밖에 없을 터인데 말이다.

존엄의 실종을 부추기는 사회

왜 우리 사회는 존엄 실종의 사회가 되었을까?

개개인의 인격과 태도 혹은 역량만을 탓하기에는 이것이 사회 문제가 될 만큼 광범위하게 산재해 있다. 우리가 살아가는 이 사회의 특징들 속에서 존엄의 상실을 부추기는 숨은 원리들을 발견할 수 있다.

첫째, 수축 사회로 진입하며 인간 존엄이 상실된다.

칼럼니스트 홍성국은 자신의 저서 『수축 사회』(메디치미디어, 2018)에서 지금 전 세계는 "팽창 사회"에서 "수축 사회"로 전환 중이라고 주장했다.

그는 이 전환의 동력을 세 가지로 꼽았다.

(1) 인구 감소
(2) 과학 기술의 발전
(3) 개인주의

각각 요약해 본다.

(1) 인구 감소

노인 인구의 확대, 젊은 인구의 축소는 돈을 버는 인구의 축소라고 할 수 있다. 수입의 감소는 투자와 소비를 감소시키며, 이런 감소의 흐름은 한국 사회를 수축 사회로 진입하게 만든다.

(2) 과학 기술의 발전

과학 기술의 발전으로 제품은 과잉 생산이 되는데, 그 제품을 사용할 인구는 감소한다. 결국, 기업들은 제품 제작을 축소하게 되어 수축 사회로 진입하게 된다.

(3) 개인주의

가정에서는 보통 자녀를 한두 명만 둔다. 이런 이유로 현대인들의 개인적 성향이 강해진다. 개인주의는 공동체의 상생이 아닌 자신의 행복을 추구한다. 그 결과 가진 자들은 분배하지 않고, 경제 수준에 따라 상위 그룹과 하위 그룹으로 나뉘는 양극화는 심화된다. 경제적 하위 그룹이 인구의 대다수를 차지하다 보니 사회 전체가 수축 사회로 진입하게 된다.

저자의 표현대로 발전과 성장이 거듭되던 팽창 사회에서 무성장, 마이너스 성장 사회인 수축 사회로의 전환으로 각 개인에게 돌아갈 파이(몫)는 줄어들게 된다. 줄어든 파이 앞에서 자신의 파이가 강탈당하지 않도록 지키려는 방어의식이 싹튼다. 그러니 관계는 강퍅해지고 삶은 치열해진다. 이런 사회에서 인간의 존엄성은 서서히 실종되어 가고 있는 것이다.

둘째, 분노 사회로 진입하며 인간 존엄이 상실된다.

경제협력개발기구(OECD)의 "사회적 엘리베이터는 붕괴했는가"라는 보고서에 따르면 소득 하위 10퍼센트가 중산층으로 도약하기 위해서는 무려 다섯 세대가 걸린다[1]고 한다. 이런 분석은 사람들에게 하위 계층이 위로 올라갈 수 있는 사다리가 끊겼다는 인식을 보편적으로 갖게 한다.

사람들은 위로는 못 올라간다고 생각하니 결국 동일 선상에 위치한 사람들을 상대로 경쟁에 몰입한다. 자신보다 상위 계층의 사람이 불공정한 행동을 보이면 분노가 일어날지언정 내색은 안 한다. 어차피 못 올라갈 나무라고 생각하니 덤비지 않는 것이다.

하지만 동일 선상에 위치한 사람들이 불공정을 느낄만한 행보를 보이면 절대 그냥 못 넘어간다. 이를테면, 병원에서 대기 번호표를 들고 기다릴 때 귀빈(VIP)이 먼저 온 자신을 제치고 들어가는 것은 그러려니 하지만, 자신과 같은 행색의 사람이 새치기하면 가서 따지는 심리가 바로 그것이다.

이 심리의 바탕에는 분노라는 감정이 있다. 수축 사회 때문에 하위 계층이 누릴 수 있는 파이가 감소했는데, 새치기라는 불공평한 행위로 파이를 먼저 채어 가니 분노가 일어나는 것이다. 팽창 사회일 때는 파이가 비교적 많았으니 새치기도 어느 정도 용납하는 분위기였지만, 새치기당하면 내 파이를 빼앗기는 수축 사회에서 그 행동은 용납할 수 없는 '짓'이 된다.

---

1 이기훈, "소득 하위 10퍼센트가 중산층 되려면 다섯 세대 걸린다", 「조선일보」, 2018.06.18.

이런 심리 때문에 한국의 젊은 직장인들이 가장 혐오하는 것을 꼽으라면 소위 '낙하산'이다. 자신은 상위 계층으로 올라가는 사다리가 끊겨서 올라가는 것을 포기했는데, 자신과 비슷한 조건의 사람이 낙하산으로 상위 계층에 연착륙하는 것에 분노를 느끼는 것이다.

이렇게 사람들은 남겨진 파이에 대한 집착으로 늘 동일 선상의 경쟁 상대를 주목하며 관찰한다. 그리고 조금이라도 불공평한 행보를 보이는 것 같으면 바로 분노를 쏟아낸다.

이렇게 분노가 일상화된 사회 분위기 속에서 인간은 자신과 타인의 존엄함을 지켜 줄 수 있을까?

셋째, 빅브라더(Big Brother) 사회로 진입하며 인간 존엄이 상실된다.

다수의 사람이 코로나19를 통해 '빅브라더'(Big Brother)[2]의 강화를 우려하고 있다. 방역 관리를 위해 정부는 개인 정보를 통제하게 되었다. 정보의 독점은 자연스레 정부 권력의 강화로 이어진다. 이런 사회 속에서는 개인의 자유는 제한되며 자유로운 주체가 아니라 통제받는 객체가 된다.

---

2 빅브라더(Big Brother)는 조지 오웰의 소설 『1984년』(을유문화사, 2012)에 나오는 가공의 인물로, 전체주의 국가 오세아니아를 통치하는 정체모를 수수께끼의 독재자다. 현대 시대에서는 정보를 독점해 통제하는 사회 체제를 의미한다.

코로나로 한국 사회는 긴급 사회가 되었다. 모든 것이 긴급하게 돌아가야 한다. 그래서 빠른 결정이 필요하고 국민도 긴급성을 인지하기에 때로는 협치가 아닌 정부의 단독 결정을 받아들이기도 한다. 그러나 긴급이라는 명목이 권력으로 둔갑할 때 그 사회에서 개인의 존엄은 사라지게 된다.

서울시 민간 비영리 단체(NPO) 보고서는 이 우려가 현실이 될 가능성을 경고하고 있다.

> 영업활동은 선별적으로 규제되고, 예방을 목적으로 사회 구성원들의 동선이 관리되고 공개된다. 구체적인 직업, 종교, 국적 등 불필요한 정보를 명시해 사회 구성원들의 **어떤 정체성이 감염의 원인인 것처럼 전가**하고, 사람들을 공분하게 한다. 감염된 사람을 격리, 감시하고 '이탈'자 강력처벌을 공표하며, 급기야 이탈자에게 손해 배상을 청구하는 방식에까지 이른다.
>
> 이렇게 국가가 '위험'의 좌표를 찍어 준다. 이를 통해 전염병은 **개인화되고** 위험의 좌표는 낙인이 되어 배제의 이유로 자리 잡는다. 이런 대응이 지금의 긴급상황이 지난 후에도 사회 구성원들의 관계와 국가 정책에 영향을 미칠 것은 쉽게 예상할 수 있다.[3]

---

3 서울시 NPO 보고서, "코로나19와 인권-인간의 존엄과 평등을 위한 사회적 가이드 라인", 코로나19 인권대응 네트워크 (2020.06.11), 8.

이 보고서가 우려했던 대로 코로나 이후 특정 개인의 자유가 침해되는 불만들이 쏟아져 나왔다. 구조적으로 정부가 '빅'(big)이 되면, 개인은 '작은'(small) 개인이 되어야 한다.

살펴본 대로 지금 우리 사회는 수축 사회, 분노 사회, 빅브라더 사회로 진입했다.

수축의 흐름 속에서 자신의 것을 지키기 위해 타인을 지나치게 방어하고, 타인을 늘 감시의 눈길로 보며, 개인의 권한을 잃어가는 빅브라더 사회에서 과연 개인은 존엄을 주장하고 지켜낼 수 있을까?

그 가능성이 참으로 멀게만 느껴진다.

긍휼이란?

> 긍휼히 여기는 자는 복이 있나니 그들이 긍휼히 여김을 받을 것임이요 (마 5:7).

긍휼은 헬라어로 '엘레모네스'(ἐλεήμονες)로서 'merciful'(자비로운)이란 뜻을 가지고 있다.

이상학 목사는 자신의 저서 『비움』(넥서스CROSS, 2020)에서 이것은 단순히 불쌍히 여긴다는 뜻이 아니라 "그 사람의 피부를 뚫고 들어가서 그의 영혼이 자리 잡고 있는 마음 한복판에 머무르며 그 사람의 마음과 합해지려고 하는 의지"라고 정의했다.

앨빈 플랜팅카(Alvin Carl Plantinga)가 가진 기독교 복음 이해는 '긍휼'이 어떤 의미를 지니는지 이해하는 데 도움을 준다.

> 기독교의 복음에 따르면 하나님은 자신의 피조물과 자신이 만드신 세상을 구속하기 위해서 피조물의 고통 속으로 들어와 그 고통을 함께 나누셨다.[4]

이처럼 긍휼이란 단순히 타인을 동정하는 감정을 초월하는 개념이다. 그와 같은 처지가 되어 그를 공감하고 세우고자 하는 마음이라고 정의할 수 있겠다.

긍휼의 모델: 사마리아인

예수님은 긍휼의 마음을 잘 표현해 주는 비유를 말씀하셨다. 강도 당한 자를 구원한 사건이다. 어떤 사람이 도상(道上)에서 강도를 만나 거의 죽을 정도로 상해를 입었다. 제사장과 레위인이 그곳을 마침 지나가면서 그를 발견했으나 그들은 피해 지나갔다.

4　앨빈 플랜팅가, 『기독교 철학자들의 고백』, 양성만 역 (서울: 살림출판사, 2006), 72. J. P. 모어랜드, 팀 뮬호프, 『이렇게 답하라』, 박세혁 역 (서울: 새물결플러스), 41에서 재인용.

그러나 유대인이 그렇게나 혐오했던 사마리아인은 그를 발견하고 불쌍히 여겨 급히 치료해 준 후 주막에 맡기면서 모든 비용을 지불한다. 그가 할 수 있는 최대한의 극진한 대접을 한 것이다.

예수님은 이 이야기를 들려 주시고는 "네 생각에는 이 세 사람 중에 누가 강도 만난 자의 이웃이 되겠느냐"(눅 10:36)라고 물으신다. 이에 그 사람은 답한다.

> 이르되 자비(ἔλεος, 엘레오스)를 베푼 자니이다(눅 10:37).

여기서, 자비란 무엇을 가리키는가?

싱클레어 퍼거슨(Sinclair Ferguson)은 자신의 저서 『하나님의 윤리』(목회자료사, 1993)에서 사마리아인이 베푼 자비를 정의하기를, "상처받은 사람의 존엄성을 회복하기 위해 성심성의를 다하는 것을 의미"한다고 하면서 덧붙여 설명하기를, 사마리아인이 베푼 자비가 강도들을 잡으러 가는 '공의'의 추구나 그 사람이 그런 일을 당하도록 방치한 사회를 원망하며 사회적 개선을 요구하는 '정의'의 추구로 나타나지 않았음을 말했다.

광화문만 시끄럽다

퍼거슨의 메시지는 이 시대 한국 사회에 강한 울림을 준다. 지금도 한국 사회는 부정부패 가운데서 공의를 추구하고, 불공정과 차별이 난무하는 사회에서 정의를 실현하기 위해 사투하고 있다. 그래서 늘 광화문 광장은 시끄럽다.

그러나 우리는 정작 한 사람의 존엄성을 세우기 위해서는 얼마나 사투하고 있는가?

긍휼이란 예수님이 피조물의 고통 속으로 들어오신 것과 같이 우리도 타인의 고통으로 들어가 무너진 그의 존엄을 세우는 것이다.

그런데 우리 사회는 광화문을 필두로 이곳저곳에서 정의의 깃발이 위용차게 펄럭이지만, 정작 각 개인의 고통으로 들어가 존엄을 세우는 일은 찾아보기 힘들다. 대규모의 인원이 모여 광화문에서 떠들썩하게 정의를 외치는 일은 많지만, 한적한 동네에서 상처받은 자의 고통 속으로 들어가 그를 주막으로 데려다 주는 한 개인의 존엄을 세우는 일은 찾아보기 힘들다.

존엄을 상실한 사회의 진정한 회복은 긍휼의 베풂에 달려 있다. 긍휼히 여기는 삶은 자신과 타인의 존엄을 회복하는 길이 된다. 긍휼이 막힌 물꼬를 트는 시작점이 될 수 있다.

그렇다면 어떻게 긍휼을 회복할 수 있을 것인가?

긍휼의 회복을 위한 제안

첫째, 타인을 긍휼히 여기라: 공감으로 공론화하라.

각 개인의 존엄이 세워지기 힘든 이유 중 하나는 그것이 너무 사적인 문제로 치부되어 현실적으로 공론화되기 힘들기 때문이다. 이에 대해 김찬호 교수의 말을 들어 보자.

> 정치적 탄압, 부정부패, 육체적 고문, 경제적 불평등, 제도적 불이익 등은 누가 보아도 부인할 수 없는 근거가 있다. 그에 비해 품위를 떨어뜨리는 조건이나 행위는 문제의식을 공유하기가 어려울 수 있다. 그 사람이 나를 바라보는 눈빛이 기분 나쁘다. 내 말에 대꾸는커녕 비웃는 표정을 지었다. 내게 배당된 사무 공간이 너무 누추하다. … 이런 사안들은 사적인 문제로 치부되거나 주관적인 느낌으로 무시되기 쉽다. 그래서 대놓고 따지기 어렵고 공론화도 쉽지 않다.[5]

'정의를 추구하는 것'은 공론화가 가능하기에 보다 쉽지만 각 개인의 '존엄성을 지킨다는 것'은 쉽게 사적 영역의 문제로 치부되기에 그만큼 어렵다는 것이 위의 글 골자다. 개인의

---

5 김찬호, 『모멸감』(서울: 문학과지성사, 2014), 211.

일이 공론화되는 경우를 보면 자극적인 내용으로 이슈화되는 경우가 대부분이다. 사망하더라도 더 처참히 살해되는 경우만 기사에 나온다. 무자극적인 사망 스토리는 기사의 소재로는 외면당한다. 공론화되는 것은 매우 힘들다.

이런 면에서 인간의 존엄성을 지킨다는 것은 더 많은 사랑의 수고를 요청한다. 바울은 그의 서신에서 사랑의 수고를 한 데살로니가 교회를 칭찬했다.

> 너희의 믿음의 역사와 사랑의 수고와 우리 주 예수 그리스도에 대한 소망의 인내를 우리 하나님 아버지 앞에서 끊임없이 기억함이니 (살전 1:3).

여기에서 '수고'를 가리키는 헬라어 코포스(κόπος)는 '과로'(過勞)라는 뜻도 지닌다. 데살로니가 교회는 사랑을 할 때 '과로'할 정도로 했다. 이것이 그들이 바울에게 칭찬을 받은 이유였다.

나는 이 '수고'를, 한 사람을 위한 디테일한 사랑으로 정의하고 싶다. 디테일한 사랑은 상대방의 구석구석을 살핀다. 노력과 공이 들어간 사랑이다. 그래서 과로할 정도의 수고가 필요한 사랑이다. 디테일한 사랑만이 사적 영역의 문제로 치부될 수 있는 개인의 존엄 문제를 공론화시킬 수 있는 힘을 가진다.

얼마 전 롯데마트의 한 직원이 안내견의 출입을 막은 것이 알려져 공분을 사는 일이 있었다. 예전에는 이런 사건은 개인의 일로 치부되곤 했다. 그러나 몇몇 사람이 이 사실에 공감하고 공분했다. 이 분위가 확산되어 안내견 출입에 대한 문제가 공론화되었다.

이에 사측은 급히 사과문을 발표했고, "안내견은 어디든지 갈 수 있어요"라는 내용의 문구를 롯데마트 전국 지점에 붙였다. 안내견을 데리고 다녔던 한 개인의 아픔이 공론화되고 사회적 인식의 변화를 끌어낼 수 있었던 것이다. 한 사람이 디테일하게 긍휼을 품을 때, 삶에서 작은 기적은 일어난다.

둘째, 자신을 긍휼히 여기라: 스스로 존엄을 세워야 한다.

몇 년 전 2009년식 차량을 중고로 매입했다. 초반 몇 주는 '마이카'(my car)에 대한 설렘과 기대로 청소도 곧잘 하고 관리도 나름 잘했다. 그런데 몇 주가 흐르니 점점 관심이 떨어졌고, 어차피 중고차였다는 생각에 관리가 허술해졌다.

그런 나를 보고 아내가 한마디 했다.

"차가 더러우면 사람들이 더 쉽게 봐요. 긁고도 어차피 관리하지 않는 차라는 생각에 괜찮겠지 하고 그냥 도망가기도 하고요."

"그러니 차 관리 좀 자주 해 줘요!"

이 같은 심리는 사람을 대할 때도 똑같이 작동된다. 다른 차량을 대할 때 관리가 잘 된 차가 더 신경 쓰이는 것처럼,

일반적으로 사람들은 자신의 존엄을 지키는 자의 존엄을 존중한다.

아우슈비츠 수용소는 인간의 존엄성이라고는 찾아볼 수 없는 기계적인 장소로 인식된다. 그런데 이곳에서도 자신의 존엄성을 지키는 자들이 있었다. 그중 한 명이 바로 프레모 레비(Primo Michele Levi)다. 그는 이탈리아 화학자이자 작가로서 아우슈비츠에서 겪었던 일들을 기록해서 책 『이것이 인간인가』(돌베개, 2007)를 출간했다. 그는 이 책에서 자신이 인간의 존엄을 지키기 위해 얼마나 분투했는지 독자들에게 증언하고 있다.

> 우리가 노예일지라도, 아무런 권리도 없을지라도, 갖은 수모를 겪고 죽을 것이 확실할지라도, 우리에게 한 가지 능력만은 남아 있다. … 그 능력이란 바로 그들에게 동의하지 않는 것이다. 그러니까 우리는 당연히 비누가 없어도 얼굴을 씻고 윗도리로 몸을 말려야 한다. 우리가 신발을 검게 칠해야 하는 것은 규정이 그렇게 되어 있기 때문이 아니라, 우리 자신에 대한 존중과 청결함 때문이다. 우리는 나막신을 질질 끌지 말고 몸을 똑바로 세우고 걸어야 한다.[6]

---

6 프리모 레비, 『이것이 인간인가』, 이현경 역 (서울: 돌베개, 2007), 58.

그는 이 수용소에서 자신의 존엄을 지키는 값진 법을 배웠다. 비누가 없어도 얼굴을 씻고, 자신의 몸을 정갈하게 관리했다. 그것이 자신의 존엄을 지키는 일이기에 최선을 다했다.

이 배움은 그가 그 수용소에서 생존해서 나와 세상이라는 수용소(어쩌면 이 세상은 아우슈비츠 수용소보다 더 잔인한 수용소일지 모른다. 서로를 향한 혐오와 비난은 어떤 수용소 못지 않기 때문이다)에서 살아갈 때도 자신의 존엄을 지킬 수 있는 원동력으로 이어졌을 것이다.

이렇게 세상은 자신의 존엄을 지키려 하는 자의 존엄을 지켜 준다. 외부의 압력과 공격이 있다 할지라도 자신이 할 수 있는 만큼의 최선으로 자신의 존엄을 지켜 내는 자는 존엄한 자로 존재하는 법이다. 그대는 하나님 자녀다. 그래서 그대는 소유와 스펙과 상관없이 존엄하다. 그대 스스로 그대의 존엄을 지켜라.

하나님 안에서 자신을 지키며 긍휼히 여기라. 타인을 위해 공감하고, 사랑의 수고를 행하라. 이것이 우리의 존엄을 위해 우리가 지켜야 할 경계다. 그대와 그대의 이웃은 하나님이 지으신 소중한 존재다. 기능의 과잉으로 인간 존엄의 자리가 위협받고 빼앗기는 세상 속에서 예수가 말한 긍휼의 삶으로 자신과 타인의 존엄을 지켜 나가라.

> 긍휼히 여기는 자는 복이 있나니 그들이 긍휼히 여김을 받을 것임이요 (마 5:7).

기능의 과잉 * 요약

1. 우리 사회는 인간의 존엄함이 실종되고, 대신 인간을 기능으로만 인식하는 경향이 두드러지고 있습니다. 이 이유는 우리 사회가 수축 사회, 분노 사회, 빅브라더 사회로 전환되고 있기 때문이라고 분석했습니다.

* **수축 사회**: 수축 사회로 진입하면서 전체 총화가 줄어들었고, 이에 내 파이(몫)를 빼앗길지도 모른다는 심리가 타인을 경쟁 상대로 보는 관점을 촉진시켰습니다. 이런 정서 속에서는 타인에 대한 존엄함을 지켜 주기 힘듭니다.

* **분노 사회**: 파이가 줄어들기 때문에 타인이 불공평한 방법으로 내 파이를 채 가는 것을 용납할 수 없습니다. 그래서 늘 타인을 감시자의 눈길로 바라보기에 타인에 대한 존엄함을 유지하기 힘듭니다.

* **빅브라더 사회**: 큰 정부(빅브라더)의 구조 속에서 개인의 권한은 축소됩니다. 정부의 강제력 행사 앞에 개인의 존엄을 유지하기는 어렵습니다.

2. 긍휼이란 헬라어로 '엘레모네스'(ἐλεήμονες)로서 '자비로운'이란 뜻의 영어 'merciful'로 번역되었습니다. 긍휼의 성경적 모델은 강도 만난 자를 섬긴 사마리아인입니다. 그는 제사장이나 레위인과 달리 강도당한 자에게 자비(ἔλεος)를 베풀었습니다(눅 10:37). 싱클레어 퍼거슨에 의하면, 그 자비란 강도들을 잡으러 가는 '공의'

의 추구나 그 사람이 그런 일을 당하도록 방치한 사회를 원망하며 사회적 개선을 요구하는 '정의'의 추구가 아닌, 상처받은 한 사람의 존엄성을 회복하기 위한 사랑의 섬김이라고 했습니다.

3. 각 개인의 존엄이 세워지기 힘든 이유 중의 하나는 그것이 너무 사적인 문제로 치부되어 현실적으로 공론화되기 힘들기 때문입니다. 그러므로 그리스도인들은 상대방을 구석구석 살피는 사랑과 관심을 통해 한 개인이 은밀히 당하는 비인격적 대우를 공론화시켜 해결해 주는 사랑의 수고가 필요합니다. 또한, 자신의 존엄을 지키기 위해 자신의 존엄을 세우는 노력이 필요합니다. 일반적으로 사람들은 자신의 존엄을 지키는 자의 존엄을 존중하기 때문입니다.

기능의 과잉 * 소그룹 나눔

마음 열기

사소한 일로 자신의 존엄성이 무시당한다고 느낀 적이 있나요? 너무 사소해서 남들에게 말하기도 부끄럽지만, 나의 기분이 많이 상했던 일이 있었다면 함께 나누어 주세요.

나눔 및 적용

1. 우리 사회가 사람을 기능적으로 대우하고 인간의 자유를 억제하고 권한을 축소시키는 배경에는 수축 사회, 분노 사회, 빅브라더 사회의 영향이 있다고 했습니다. 자신이 경험한 이 사회의 특징

은 무엇이 있는지 자신의 경험을 나누어 주세요.

예) 회사가 불공평한 방식으로 내 권리를 침해한 사례

2. 프레모 레비가 포로수용소에서 자신의 존엄을 지키기 위해 비누가 없어도 얼굴을 씻은 것처럼, 자신 스스로의 존엄성을 지키기 위해 해야 할 노력에는 무엇이 있을까요?

복음적 삶의 경계 세우기

자신의 주변에 존엄성을 세워 줘야 할 한 지체를 꼽으라면 누구인가요?
이를 위해 내가 베풀어야 할 과로하는 사랑(디테일한 사랑)은 어떤 것이 되어야 할까요?
구체적으로 계획한 후 실천해 봅시다.

6

too much: 마음이 청결한 자의 복

> 마음이 청결한 자는 복이 있나니
>
> 그들이 하나님을 볼 것임이요(마 5:8).

과잉(too much)이 문제다

　일곱 살 아들은 장난감을 좋아한다. 또래의 다른 아이처럼 꽤 많은 장난감을 쌓아 놓고 산다. 그런데 장난감이 너무 많다 보니 하나를 가지고 깊이 있게 놀지 못하는 것 같다.

　비싼 돈 들여 사 준 장난감이니 좀 더 알뜰살뜰 알차게 가지고 놀면 좋겠는데 아이는 금세 관심을 잃는다. 잔뜩 벌려 놓은 장난감을 정리해야 할 때는, 아내와 전쟁을 벌이기도 한다. 스스로 정리하기를 요구하는 아내와 귀찮기도 하고 막막하기도 한 아들은 날마다 실랑이를 한다. 자신의 관리 능력을 넘어선 많은 장난감이 여러모로 아들을 괴롭히는 것을 본다.

어른이라고 다를까?

난 소위 결정 장애를 가졌다. 다양한 선택지 앞에서 좀처럼 결정을 내리지 못한 채 전전긍긍하곤 한다. 물건을 구입할 때는 검색하고 비교하느라 진이 다 빠진다. 그렇게 장고(長考) 끝에 결정하고 구입하고 나서도 더 좋은 물건을 발견하면 좀 더 알아보고 사지 못한 나 자신을 탓한다.

선택할 수 있는 자유는 선택해야만 하는 속박이기도 하다. 많은 선택지를 놓고 비교하고 대조하며 고심하느라 시간과 에너지와 체력이 고갈된다. 잘못 선택하면 자신을 탓하게 되며, 이런 부정적 경험이 쌓여 나의 결정 장애는 갈수록 더욱 심화된다. 그러니 나는 선택할 수 있는 자유가 괴롭기도 하다.

과잉에 지친 자들, 미니멀을 추구하다

'과잉'에 지친 자들, 혹은 그 폐해를 경험한 자들은 '미니멀'(minimal)을 추구한다. 구글에서 '미니멀 라이프'를 검색하니 무려 약 7,090,000개의 컨텐츠가 검색되었고, 동일한 검색어로 교보문고 인터넷 사이트에서는 1,987개의 검색 결과가 나왔다(2021년 3월 기준).

미니멀 라이프에 대한 관심이 늘어가며 그 종류도 단순한 물건 줄이기로부터 시작해 인테리어, 명상, 채식, 제로웨이스트 등 다양하게 지평을 넓혀 나가고 있다. 필요 이상으로 버리는 극단적 미니멀 라이프도 출현했다.

이것은 '다다익선'(多多益善)이란 명분 아래 합법적으로 인간을 짓누른 과잉 현상에 질릴 대로 질린 마음이 반대급부로 표현된 것은 아닐까?

미니멀리즘이 하나의 삶의 형태로 인정받은 것은 현대 시대부터 시작되었지만[1] 이미 이런 삶의 방식은 오래전부터 지속되어 왔다. 그 한 예가 마르쿠스 아우렐리우스다. 그는 철인황제(哲人皇帝) 중 하나로 불린 로마 황제로 동시대인의 존경과 사랑을 받았을 뿐 아니라, 스토아학파의 대표적 철학자이자 『명상록』의 저자로도 유명하다. 그는 이런 말을 했다.

> 아주 적은 일만 해도 만족스럽고 경건한 삶을 살 수 있음을 알고 있는가?[2]

이는 그가 가진 방식이 미니멀리즘에 가깝다는 것을 증명하는 것이다.

이런 사실은 미니멀리즘이 특정 시대의 산물이 아니라 거의 모든 시대 사람이 미니멀리즘을 추구할 수밖에 없도록 만든

1　NAVER 지식백과. "영어에서 '최소한도의, 최소의, 극미의'라는 뜻의 '미니멀'(minimal)과 '주의'라는 뜻의 '이즘'(ism)을 결합한 미니멀리즘이라는 용어는 1960년대부터 쓰이기 시작했다."
2　칼 뉴포트, 『디지털 미니멀리즘』, 김태훈 역 (서울: 세종서적, 2019), 16.

요인이 작용했음을 의미한다.

추가로 만들어진 신은 반드시 나를 배신한다

그 요인은 바로 과잉(too much)이다. 인간은 너무 많이(too much) 담을 수 있는 그릇이 아니다. 인간은 유한적 존재다. 다시 말해, 인간 안에는 담을 수 있는 용량이 정해져 있다. 그러나 인간의 교만은 자신의 자아를 부풀려 인식함으로 더 많이 담을 수 있다는 욕망을 발동시켰다.

이것은 믿음의 영역에서도 마찬가지다. 인간은 '하나님만'을 담을 수 있는 존재로 창조되었다. 인간은 하나님으로만 채워지는 용량을 지녔다. 그런데 인간의 교만은 다른 우상들을 너무 많이(too much) 추가하도록 만든다. 그 결과 탈이 나고 만다.

수용 용량을 넘어선 엘리베이터의 작동이 중단되고, 소화 능력 이상으로 음식물을 과다 섭취했을 때 탈이 나는 것처럼 말이다. 이에 대해 팀 켈러는 이렇게 말한다.

> 내가 만든 신은 반드시 나를 배신한다.[3]

---

3   팀 켈러, 『팀 켈러의 내가 만든 신』, 12.

하나님 외에 과다하게 만들어 낸 다른 신은, 결국 나를 배신해 해를 가한다는 것이다.

선택지를 줄여야 속박도 준다

수많은 장난감 더미에서 고통당하는 아들을 구출하기 위해 우리 부부가 시도한 방법은 장난감의 수를 과감히 줄이는 것이었다. 우려도 있었으나 결과는 매우 만족스러웠다. 장난감이 줄어들어 풀이 죽을 줄 알았던 아이는 오히려 장난감 하나하나에 애정을 쏟고 다양한 방법으로 놀이를 즐겼다. 몇 가지의 그릇을 모아 드럼 모양으로 세팅해 연주하기도 하고, 블록으로 마이크를 만들어 찬양 인도를 하기도 했다.

소위 '교회 오빠' 놀이라고 할까?

아빠가 찬양 인도하는 모습을 모방하며 즐기는 모습이 귀여웠다. 장난감이 줄자 관리와 정리가 수월해졌을 뿐만 아니라 오히려 집중력이 생기고, 스스로 놀 수 있는 방식을 계발하는 창의성까지 발휘하게 된 것이다.

이 원리는 우리의 믿음에도 그대로 적용된다. 하나님 외에 너무 많은(too much) 모든 우상을 줄이면 허전해질 줄 안다. 불안해질 것이라고 생각한다. 인생이 망하거나 자신이나 가족이 어떻게 될 것만 같은 두려움에 사로잡히기도 한다.

그러나 오히려 하나님과의 깊은 사귐을 통해 더 깊이 있는 사랑의 관계와 그 깊이에서 오는 창의성을 발견하게 된다. 하나님의 자리를 대신하려는 모든 우상을 버리고 한 분 아버지 앞에 집중할 때, 창조주 되신 하나님은 우리로 하여금 창조적 삶을 누리게 하신다.

> 너는 나 외에는 다른 신들을 네게 두지 말라(출 20:3).

과잉(too much)을 양산하는 사회

과잉(too much)을 양산하는 사회적 배경은 무엇이 있을까? 세 가지 측면에서 다루어 보았다.

첫째, 성과 사회가 과잉(too much)을 양산한다.

제독 철학자 한병철 교수는 자신의 저서 『피로 사회』(문학과지성사, 2012)에서 현대인들이 피로를 느끼는 직접적 원인은 긍정성에 있다고 주장한다. 그의 분석[4]을 요약해 본다. 또한, 이해를 돕기 위해 이 분석을 표로 만들어 설명하도록 한다.

---

4   한병철, 『피로 사회』 (서울: 문학과지성사, 2012), chapter 1. "신경성 폭력," chapter 2. "규율 사회의 피안에서", 11-29을 참고하라.

21세기 전(前) 시대	21세기 시대
면역학적 시대 (타자를 부정함으로 자신의 존재 증명)	비(非) 면역학적 시대 (자신을 긍정함으로 자신의 존재 증명)
규율 사회	**성과 사회**
개인의 자유 인정 X	개인의 자유 인정 O
부정성(No)의 사회	긍정성(Yes)의 사회

*21세기 전(前) 시대

저자는 21세기 앞전 시대를 "면역학적 시대"로 정의한다. 면역력이 자신과 외부 바이러스를 구분해 자기 몸을 보호하는 것처럼, 이 시대는 '나'와 '외부의 타자'를 구분하고, 타자를 '부정'함으로 자신의 존재를 증명한다. 그래서 저자는 면역학적 시대라고 정의했다.

저자는 이 시대를 프랑스 철학자 미셸 푸코의 정의를 빌려 '규율 사회'로 설명한다. 푸코의 '규율 사회'(Disziplinargesellschaft)는 규율을 유지하기 위해 개인의 자유에 'No'로 일관하는 부정성의 사회다. 낯선 것은 거부하고, 위험을 초래하지 않더라도 타자가 이질적이라는 이유만으로 제거의 대상이 되는 시대이다. 종합하자면 면역력의 시대는 권력이 개인을 규율로 통제하고 개인을 '부정'해 사회 권력을 유지하고자 한 규율 사회라고 할 수 있다.

*21세기 시대

반면 21세기 시대는 "비면역학적 시대"다. 이 시대에는 "이질성과 타자성의 소멸"이 두드러진다. 다시 말해, 나와 타자를 구분하고 그 타자를 부정함으로 자신의 존재를 증명하는 규율 사회의 방식이 실종된 것이다. 저항하고 부정해야 하는 대상이 없기 때문에 비면역적 시대라고 부른다.

저자는 또한 21세기의 시대를 '성과 사회'(Leistungsgesellschaft)로 정의한다. 이 사회는 '나는 할 수 있다'(Yes I Can)만을 추구하는 긍정성의 사회다. 긍정성의 사회는 개인에게 자연스럽게 성과를 요청한다. 사회의 전반적인 분위기가 모든 것이 가능하다는 긍정성으로 휩싸여 있기 때문에 자연스럽게 성과를 기대하게 되기 때문이다.

* 긍정성이 잉태하여 성과주의를 낳고, 성과주의가 장성한 즉 과잉(too much)을 낳느니라

긍정성의 사회에서 성과를 내지 못하면 열등한 존재가 된다. 무엇이든지 할 수 있는데 못하는 것은 철저히 개인의 역량 부족으로 평가받는다. 그러니 현대인들은 성과를 내도록 부추김을 받는다. 부정성의 사회처럼 대놓고 규율로 강제하는 것은 아니지만 이런 의식이 배어 있는 사회에서 사는 것 자체가 이미 강제적인 성과의 규율에 통제 받는 것이라고 볼 수 있다는 것이다. 이런 면에서 저자는 긍정성의 사회 역시도 규

율 사회라고 볼 수 있다고 주장한다.

현대는 이런 강제력의 성과주의로 과잉(too much)을 양산하게 된다. 열등한 존재가 되지 않기 위해 모든 것을 과잉 생산하는 것이다.

지금도 우리는 무언가를 생산하기 위해 분주하고 조급하지 않은가?

둘째, 평균값을 요구하는 사회가 과잉(too much)을 양산한다.

* 한국 사회는 개인보다는 집단을 우선한다

한국 사회는 개인보다는 집단을 더 우선하고 강조하는 경향이 있다. 지하철 좌석에 혼자 앉아 있을 때면 이런 질문을 받을 때가 있다.

"실례지만 저희가 같이 앉아야 하는데 자리 좀 바꿔 주실 수 있을까요?"

개인 혼자에게는 실례가 된다고 하더라도 집단은 요구해도 된다는 것이 한국 사회가 집단에게만 허락한 면책권인 것 같다.

동네에 불편한 것이 있어 관공서에 청원을 넣으면 대개 단체의 싸인을 받아오라고 돌려보낸다. 이렇게 개인은 집단에 비해 힘이 없다. 개인에게 힘을 부여하지 않는 한국 사회의 병폐라 할 수 있겠다.

*집단성은 각 개인에게 평균값을 요구한다

이런 사회의 정서는 각 개인에게 집단의 평균값에 맞출 것을 요구한다. 자녀가 부모에게서 자주 듣는 말 중의 하나가 "기본은 해라"다. 기본을 하라는 것은 집단의 '평균값'에 맞추라는 것이다. 축의금, 부의금은 최소한 평균은 해야 한다는 생각을 하고, 옷차림을 선택할 때도 사람들이 생각하는 평균을 기준 삼는다. 평균값에 도달하지 않는 개인은 열등한 존재나 사회적 이단아로 인식되기에 각 개인은 집단의 평균값을 따라가는 압박을 받게 된다.

이것은 교회라고 별반 다르지 않다. 언젠가 한 세미나에 참석했는데 우연히 오래전 사역지의 동료 교역자를 만났다. 그가 내게 던진 질문은 내가 섬기는 교회의 규모였다. 당시 내가 섬기는 교회는 중대형 교회가 아니었다. 그는 내 답을 듣더니 큰 교회를 가지 그랬냐며 진심으로 아쉬워했다.

나는 그의 진심을 너무 잘 이해한다. 교역자의 진로를 예상하는 데 가장 중요한 기준으로 인식되는 것이 부교역자 때 섬긴 교회 규모다. 법칙처럼 적용되지 않더라도 이것은 거의 모든 교회 조직에서 통용되는 기준이다. 평균 이상 규모의 교회를 거쳐야 담임목사로 가기 수월하다는 것이다.

그래서 큰 규모로 이동하기 위한 피 말리는 전쟁이 매년 연말마다 촉발된다. 교역자들은 그 평균값에 맞추기 위해 과잉(too much)하게 된다. 이력서도, 추천서도, 학위도, 자기 계발도

6. too much: 마음이 청결한 자의 복

과잉될 정도로 많이 준비한다.

교회나 사회 등 집단의 기준은 매우 큰 힘을 발휘한다. 그 결과 평균값에 들기 위해서 더 많이 소유해야 하고, 더 많이 성과를 올려야 하며, 더 많이 배워야 하는 과잉(too much)이 발생하게 된다. 그래야 집단의 평균에 맞출 수 있기 때문이다.

셋째, 미디어 과다 노출이 과잉(too much)을 양산한다.

현 시대는 소셜 네트워크 때문에 과거에 비해 개인 생활의 노출이 심화되었다. 심지어 먼 외국에 사는 사람도 그가 올린 게시물로 그의 삶이 노출되어 그의 일상을 다 확인할 수 있다. 문제는 노출 때문에 현대는 더 과도한 욕망과 유혹에 직면한다는 것이다. 이것은 "욕망의 삼각형 이론"을 통해 증명된다.

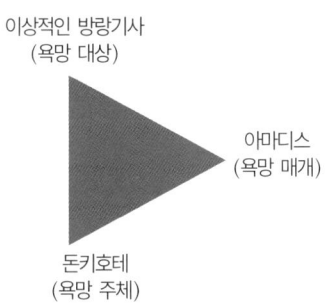

철학자이자 문화평론가인 르네 지라르(Rene Girard)는 자신의 소설 『낭만적 거짓과 소설적 진실』(*Mensonge romantique et verite romanesque*) (한길사, 2001)에서 "욕망의 삼각형 이론"을 통

해 사람들이 어떻게 욕망을 가지는지를 밝혔다. 이것은 욕망 주체, 욕망 매개체, 욕망 대상이 삼각형을 이루어 욕망을 발생시키는 구조를 가리킨다. 개인(욕망 주체)이 타인이 부채질하는 욕망(욕망 매개)을 모방함으로 어떤 욕망(욕망 대상)을 달성한다는 개념이다.

책에서 그는 돈키호테의 욕망을 다룬다. 돈키호테(욕망 주체)가 욕망하는 대상은 '이상적인 방랑 기사'다. 그런데 그 안에 이런 욕망이 발생한 것은 '아마디스'라는 전설적인 기사를 보고 그를 모방하고자 하는 욕망이 있었기 때문이다.

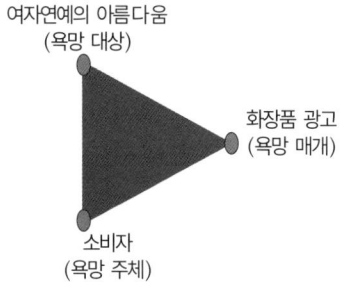

이것을 현대적인 예로 들어 설명해 보도록 한다. 화장품 광고는 당대 최고 미인으로 꼽히는 여자 연예인이 광고 모델로 선정된다. 그 이유를 욕망의 삼각형 이론으로 분석하자면 소비자 개인(욕망 주체)이 아름다운 여성 연예인의 화장품 광고(욕망 매개)를 보고 그 화장품을 산 것은 여성 연예인의 아름다움(욕망 대상)을 사고 싶은 심리다.

그러니 화장품 회사는 화장품이 아닌, '아름다워지고 싶은 욕망'을 판매한 것이고, 소비자 역시도 화장품을 구입하게 된 원인이 아름다움을 소유하고 싶다는 심리로부터 발생한 것이다. 이런 이유로 화장품 업체는 미인을 광고 모델로 선정해야만 하는 것이다.

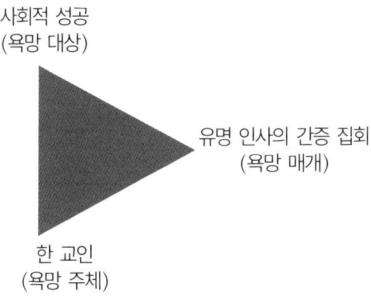

이것을 세속적 성공에 집착하는 한 교인의 욕망에 대입해 보자. 그 한 예로 교회에서 진행된 한 사회 유명인사의 간증 집회를 들어보도록 한다. 세속적 성공에 집착하는 한 교인(욕망 주체)이 사회 유명인사의 간증 집회(욕망 매개)에 참석한다. 그 교인이 그 집회에 참석한 이유는 그 유명인사가 소유한 사회적 성공(욕망 대상)을 얻고 싶은 심리다.

수천, 수만 명이 운집한 집회에서 스포트라이트를 받으며 간증하는 모습을 보면서 그 교인은 사회적 성공이라는 욕망 대상에 집착하게 된다는 것이다. 간증 메시지의 핵심이 행위 복음적인 것이라 할지라도 욕망의 주체자는 세속적 욕망의 관점에서 메시지를 수용하게 된다.

르네 지라르의 이 이론이 강조하는 바는 개인은 혼자서 욕망할 수 없고, 욕망의 매개자 때문에 욕망이 발생하는 것이다. 이런 사실을 전제로 한다면 현대 사회의 과도한 노출은 과도하게 욕망 매개자를 접촉하게 만든다.

현대 시대는 미디어가 폭발적으로 증가했다. 그에 따라 욕망의 매개들이 더 많이 노출되고 있다. 그러니 욕망을 이겨내기 위해서는 미디어에 대한 경계와 절제가 필요하다. 인간의 눈은 약하다. 욕망의 매개를 보고 '보암직함'을 느끼기 때문이다. 그러니 경계선을 넘어서지 않도록 균형 잡힌 결단과 절제가 요구된다.

지금까지 과잉(too much)을 양산하는 세 가지 배경에 대해 살펴보았다. 이런 사회 분위기와 구조는 우리로 과잉(too much)을 양산하도록 압박한다. 이 압박으로 우리는 하나님과의 깊은 사귐을 놓치고 육이든 영이든 탈이 나게 된다.

그렇다면 이 문제에 대한 성경의 대안은 무엇인가?

심플 마인드

> 마음이 청결한 자는 복이 있나니 그들이 하나님을 볼 것임이요 (마 5:8).

싱클레어 퍼거슨은 자신의 저서 『하나님 나라의 윤리』(목회자료사, 1993)에서 이 구절이 예수님이 에스겔의 말씀을 배경으로 말씀하신 것이라고 주장한다.

> 맑은 물을 너희에게 뿌려서 너희로 정결하게 하되 곧 너희 모든 더러운 것에서와 모든 우상숭배에서 너희를 정결하게 할 것이며 (겔 36:25).

에스겔의 말씀은 바벨론 포로로 끌려간 이스라엘 백성들이 고국으로 귀환한 후 회복된 모습을 알리는 본문이다. 특별히 '맑은 물을 뿌리는 것'은 민수기 8:7에서 레위인들을 성결하게 하는 정결 예식을 가리킨다. 이 예식 후에 레위인들은 회막에 들어가 50세까지 회막에서 봉사한다. 그러니 이 예식은 앞으로 25년간 회막 봉사를 해야 하는 레위인들을 정화시키는 매우 중요한 성결예식이다.

하나님이 포로 귀환 백성들에게 이 정결 예식을 행하라고 하신 의도는 바벨론 땅에서 귀환한 백성들이 정결해져서 하나님 백성답게 살 것을 다짐하라는 것이다.

그렇다면 무엇으로부터 정결해져야 하는가?

에스겔의 말씀은 두 가지를 가리키고 있다. '모든 더러운 것'과 '모든 우상숭배'에서 정결해지는 것이다. 이 두 가지는 이스라엘 백성들이 바벨론 포로로 끌려가게 했던 핵심적인 죄였기 때문이다(겔 36:17-18).

이렇게 구약의 배경까지 종합해 보았을 때 예수님이 요청하신 '마음의 청결'이란 인간을 사탄의 포로로 만드는 더럽고 추악한 우상숭배의 마음을 다 비우고 오직 하나님만 섬기는 깨끗한 한 마음(simple mind)만 남길 것을 요청한 것이라 할 수 있겠다.

자신의 머리를 우상 삼은 야곱

예수님은 마음이 청결한 자는 하나님을 볼 것이라고 하셨다(마 5:8). 이 복은 야곱의 삶에서 이미 성취되었다. 창세기 32장에는 하나님과 씨름하는 야곱의 이야기가 등장한다. 야곱은 삼촌의 집이 있는 라반에서 살다가 고향 가나안으로 돌아갔다. 얍복강에 다다랐을 때 형 에서가 400명의 군인을 데리고 자신에게 달려오고 있다는 소식을 듣게 된다.

에서는 20년 동안 자신의 장자권을 훔쳐 달아난 동생을 향해 복수의 칼을 갈고 있었던 것이다. 야곱은 대응 전략을 치밀하게 짰다. 자신의 무리를 세 개조로 나누어서 먼저 강을 건너가게 했고, 각 조의 맨 앞사람이 에서에게 풍족한 선물을 건네주게 하는 것이었다. 선물을 통해 에서의 감정을 풀고자 한 전략이었다.

그의 전략은 거기서 그치지 않았다. 야곱은 일부러 밤에 가족들을 얍복강을 건너게 하였는데, 에서와의 대면을 앞두고 강 건너편의 유리한 자리를 확보하기 위해서였다. 혹시라도 에서와의 협상이 틀어질 경우를 대비해 도주로를 미리 확보하는 것이었다. 그는 이런 준비를 통해 상황이 자신의 시나리오대로 흘러갈 것이라 여겼을 것이다. 그러나 여기에 하나님을 찾는 모습은 없었다. 이 모든 전략은 자신이 숭배하는 자신의 머리라는 우상으로부터 나온 것이다.

야곱, 하나님을 보다

그런데 시나리오에는 없었던 변수가 터졌다. 얍복강에 홀로 남은 야곱에게 하나님이 찾아오셨고 야곱과 씨름을 하시게 된다. 야곱은 하루 종일 에서를 만날 대응과 준비를 위해 씨름했다. 그러나 생명과 안전은 하나님과의 씨름을 통해서만 확보된다. 우리가 진로, 물질, 건강, 관계를 위해 씨름하나 그 모든 것보다 먼저 말씀과 기도로 씨름해야 함을 잊지 말아야 한다. 씨름할 대상은 오직 하나님 한 분뿐이어야 한다.

하나님은 씨름 끝에 야곱의 허벅지 관절을 쳐 어긋나게 하신다. 이에 야곱은 내게 축복하지 아니하면 못 가게 하겠다고 말한다. 호세아 말씀은 야곱의 이 말을 좀 더 생동감 있게 전달한다.

> 야곱은 모태에서 그의 형의 발뒤꿈치를 잡았고 또 힘으로는 하나님과 겨루되 천사와 겨루어 이기고 울며 그에게 간구하였으며 하나님은 벧엘에서 그를 만나셨고 거기에서 우리에게 말씀하셨나니 (호 12:3-4).

야곱은 울면서 하나님께 매달렸다. 그동안 자신의 머리를 우상 삼은 우상숭배를 회개하며 자신을 구원해 주실 것을 간구한 것이다. 허벅지 관절이 꺾인 것은 그가 숭배했던 자아가 꺾인 것이다. 마치 다곤신이 여호와의 법궤 옆에 있다가 머리가 꺾인 것처럼 말이다(삼상 5:4).

그 결과 자아 숭배자 야곱은 죽고 하나님을 섬기는 이스라엘로 새롭게 태어났다. 야곱은 그곳의 이름을 브니엘(פְּנִיאֵל)이라고 불렀다. 이 뜻은 '하나님의 얼굴'이다. 그는 하나님을 본 것이다. 자신과 하나님을 동시에 믿었던 두 마음(double mind)을 버리고, 오직 하나님만을 믿는 한 마음(simple mind)으로 마음이 정결해져서 하나님을 보게 된 것이다. 예수께서 말씀하신 복은 구약의 야곱 인생에서 이미 예고되었던 것이다.

야곱, 에서의 얼굴에서 하나님을 보다

여기서 한 가지 더 주목할 점은 야곱이 하나님과 화해한 것이 즉각적으로 형 에서와의 화해로 연결되었다는 점이다. 얍

6. too much: 마음이 청결한 자의 복

복강에서 나온 야곱은 형 에서와 만나서 서로 부둥켜 안고 울었다(창 33:4). 야곱은 형 에서의 얼굴을 보며 의미심장한 말을 한다.

> 내가 형님의 얼굴을 뵈온즉 하나님의(אֱלֹהִים, 엘로힘)의 얼굴(פָּנֶה, 파네)을 본 것 같사오며 형님도 나를 기뻐하심이니이다(창 33:10).

야곱은 얍복강에서 본 하나님의 얼굴을 형 에서의 얼굴 안에서 본 것이다.

에서의 얼굴이 바뀐 것인가?

야곱의 눈이 바뀐 것인가?

답은 후자다. 야곱은 마음이 청결한 자로 변화되었다. 이런 존재 변화는 인식 변화를 일으켜 타인의 얼굴에서 하나님의 얼굴을 보며 그 둘의 관계는 진정한 연대를 이루게 된다. 야곱은 너무 많은(too much) 술수와 우상을 내려놓고 마음이 청결해지니 하나님을 보게 되었다. 또한, 이것은 타인의 얼굴에서도 하나님의 얼굴을 보게 되며 타인과 진정한 연대를 이루는 데까지 나아간다.

마음의 청결함은 하나님과 동시에 우상을 섬겼던 더블 마인드(double mind)에서 모든 우상을 내려놓고 오직 하나님만 섬기는 심플 마인드(simple mind)로 전환하는 영적 축소작업이다.

영적 다다익선이라는 혼합주의에 속지 말라. 오직 마음을 청결히 함으로 과잉(too much)의 정신을 경계하고 맞서 싸우라. 그런 자는 하나님을 보게 될 것이다.

> 마음이 청결한 자는 복이 있나니 그들이 하나님을 볼 것임이요 (마 5:8).

too much * 요약

1. 선택할 수 있다는 것은 자유 같지만, 선택해야만 하는 속박이기도 합니다. 그래서 많은 선택지는 실상 우리를 산만하게 하며, 분산시킵니다. 그런데 우리는 많을수록 좋다는 다다익선의 유혹에 속아 과잉(too much)을 양산합니다.

   이 원리는 우리의 믿음에도 그대로 적용됩니다. 하나님 외에 너무 많은(too much) 모든 우상을 줄이면 허전함과 불안함에 염려합니다. 그러나 오히려 하나님과의 집중력 있는 깊은 사귐을 통해 평안함으로 살게 됩니다.

2. 과잉(too much)을 양산하는 세 가지 사회적 배경을 다루었습니다.

   *** 성과 사회**: 모든 것이 가능하다는 긍정적인 이 사회는 자연스럽게 성과를 요청합니다. 그 결과 각 개인은 성과를 내는 과정에서 과잉(too much)을 양산합니다.

   *** 평균값을 요구하는 사회**: 한국 사회는 개인보다는 집단을 더 우선하고 강조하는 경향이 있습니다. 이런 사회는 자연스럽게 각 개인이 집단의 평균값에 맞출 것을 요구합니다. 집단이 우선되기 때문입니다. 그 결과 각 개인은 이 평균값에 도달하기 위해 과잉(too much)을 양산합니다.

   *** 미디어 과다 노출**: 사람은 타인을 동경하고 모방하려는 심리가 있습니다. 그 사람처럼 되고 싶은, 그 사람의 소유를 자신도 소유하고 싶은 욕망이 생기게 됩니다. 이 욕망의 자극은 미디어를 통해 이루어지고 이를 쫓는 과정에서 과잉(too much)이 양산됩니다.

3. '마음이 청결한 자'는 예수님이 구약성경 에스겔의 말씀, "곧 너희 모든 더러운 것에서와 모든 우상숭배에서 너희를 정결하게 할 것이며"(겔 36:25)를 배경 삼아 말씀하신 것입니다. 그러므로 마음의 청결함은 더럽고 추악한 우상숭배의 마음들을 다 비우고 오직 하나님만 섬기는 깨끗한 한마음(simple mind)을 가리킵니다.

4. 야곱은 하나님과 씨름해 자신의 머리를 우상 삼은 두 마음에서 오직 하나님만 섬기는 한마음으로 변화를 받았습니다. 이에 그는 하나님을 보게 됩니다. 하나님과의 화해는 자신을 죽이려는 갈등 관계에 있던 에서와의 화해로 연결됩니다.

too much * 소그룹 나눔

마음 열기

요즘 내 삶에서 다양한 선택지 때문에 고민이 되는 것은 무엇인가요? 함께 나누어 봅시다.

나눔 질문

1. 요즘 미디어를 통해 가장 많이 자극받는 소유의 욕망은 어떤 것입니까?

2. 주변이나 소속된 직장 혹은 공동체로부터 요구받는 평균값은 무엇입니까?

과잉(too much)이라 여겨지지만, 압박이 거세어서 쫓아가는 과잉(too much)에는 어떤 것이 있을까요?

복음적 삶의 경계 세우기

당신의 삶에는 어떤 과잉(too much)이 있나요?
이것을 종이에 작성해 나열해 봅시다. 또한, 이것을 줄여나가기 위해 일주일 혹은 한 달 단위의 계획을 작성한 후 나눠봅시다.

과잉(too much)의 예

인터넷 과몰입/미래를 위한 과잉 준비/과잉 구매
과로/과잉 경쟁/과잉 관계

7

거짓 평화의 과잉과 화평하게 하는 자의 복

> 화평하게 하는 자는 복이 있나니
> 그들이 하나님의 아들이라 일컬음을 받을 것임이요(마 5:9).

전쟁터 같은 일상

미국 역사학자 윌리암 듀란트(William Durant)에 따르면 역사에 기록된 3,421년 중 전쟁이 없던 해는 268년에 불과하다고 한다. 노벨문학상 수상자인 철학자 버트런드 러셀(Bertrand Russell)은 이 수치를 비율로 계산해 인류 역사의 93퍼센트 기간이 전쟁이었고, 나머지 7퍼센트 기간만이 평화의 시기였다고 분석했다.[1] 이런 통계를 보자면, 전쟁이 일상이고 평화가 이벤트인 양 느껴진다.

---

1 김영희, "반목과 증오의 시대", 「충청비즈」, 2015.05.21.

총칼이 난무하는 전쟁뿐이겠는가?

우리 일상은 늘 전쟁 중이다. 현대인의 삶을 보면 선시를 방불하게 한다. 일상은 사투의 연속이고 전장에서 살아가는 자들은 갈수록 소진된다. 2018년 기준 한국에서 암으로 인한 사망자 숫자가 79,153명이다. 2010년부터 매년 7만 명 이상의 인구가 암으로 사망한다.[2]

지나친 경쟁에서 오는 스트레스와 빠른 사회적 흐름이 가져다 준 불규칙한 삶의 환경은 암을 유발하는 최적화된 환경이 되었다. 이라크 전쟁 때문에 약 3,730명[3]이 전사했다고 한다. 이는 암으로 인한 1년 동안의 사망률에 비하면 10퍼센트도 안 되는 비율이다. 이러니 현대인들의 일상은 가히 전쟁이라고 부를 만도 하다.

이 치열한 전쟁 속에서 당신은 어찌 살고 있는가?

자신을 지키는 '평화의 대안'이 있는가?

우리는 진정 평화로운가?

혹 거짓 평화에 현혹되고 있는 것은 아닌가?

---

2 통계청, "사망원인통계"(국가승인통계 제101054호).
3 NAVER 지식백과. 미군 117명, 영국군 30명, 종군 기자 10명, 민간인 1,253명, 2,320명의 이라크군 전사.

이름을 바꾸면 팔자도 바뀐다?

약 20년 전 즈음의 일이다. 당시 내가 다니던 교회에서 한 목회자를 초청해 집회를 열었다. 집회가 끝난 후 신청하는 자에 한해서 강사가 기도해 주는 시간이 있었다. 기도를 통해 미래에 관한 예언을 들을 수 있다고 했고 집회 기간 내내 많은 성도가 기도를 받으려고 몰려들었다.

당시 나는 고등학교 3학년 때 취업한 회사를 퇴사했던 터라 미래에 대한 걱정이 가득했다. 고등학교 3학년이란 비교적 이른 나이에 회사에서 폭력과 폭언, 감시를 경험했기에 나는 인생이 전쟁과 같다는 것을 어렴풋이 알고 있었던 것 같다. 그래서 이 전쟁에서 살아남을 미래 전략을 얻고 싶었고, 미래를 알려 준다는 기도에 솔깃할 수밖에 없었다.

내 머리에 안수하며 기도하신 목사님은 기도가 끝난 후 나에게 예언해 주셨다.

"이름을 '조광운'에서 '조광훈'으로 바꾸세요!"

"그래야 형제의 인생이 열립니다!"

내 미래의 장애물이 내 이름이었다니. 이름만 바꾸면 내 인생이 달라질 수 있다는 생각에 설레고 흥분되었다. 집에 가서 아버지께 이 사실을 말씀드리고 개명을 부탁드렸다. 결과는 뻔했다. 이름을 바꾸기는커녕 아버지에게 호되게 야단을 맞아야 했다.

참 어리석어 보이지 않는가?

지금 생각하면 웃음이 절로 나온다. 그런데 이 모습은 철들지 않은 한 청년의 객기로만 봐서는 안 될 것 같다. 대법원 통계에 따르면 연간 전국 개명 신청 건수는 평균 15만 건에 달한다고 한다.[4] 특별한 상황과 이유가 있는 경우도 있겠지만, 이름을 바꾸면 팔자가 바뀐다는 심리가 작용했음을 부인할 수 없다. 이것은 우리 삶이 그만큼 위태롭다는 증거다.

절벽 아래로 떨어지기 전 마지막 풀 한 포기라도 붙잡자는 심정인 것이다. 이름을 바꾸고 실제로 팔자가 바뀌었다고 말하는 사람들도 보았다. 이름을 바꿀 만큼의 절박한 심정과 비장한 각오가 무언가 긍정적인 영향을 끼쳤을지도 모를 일이다만, 이런 심리 작용의 기저에는 거짓 평화로 위장한 낙관성이 자리하고 있다.

일반적으로 사람들이 거짓 평화를 구별하기 어려워하는 이유는 그것이 대개 긍정성과 짝을 이루기 때문이다. 심지어 비합리적으로 여겨지는 거짓 평화도 사람들에게 수용되는 이유는 이 사회의 저변 의식에 모든 상황을 낙관적으로 해석하는 무한 긍정주의가 깔려 있기 때문이다. 연간 15만 명이라는 많은 인원이 개명 신청을 하는 현상에는 무한 긍정의 미신이 기

---

4   전종헌, "개명 신청했는데 법원서 기각 … 몰랐던 '이것'이 발목", 「매일경제」, 2020.11.21.

능하고 있는 것이다.

거짓 선지자의 낙관적 편견

예레미야 시대에도 이런 무한 긍정의 미신으로 활약하는 거짓 선지자들이 있었다. 앗수르가 국내 문제에 집중하느라 대외 활동에 소홀해진 상황을 틈타 애굽은 팔레스타인 지역에 대한 영향력을 확대해 나갔다. 이런 국제 정세의 변화에 따라 남유다 정부도 정책 노선을 친바벨론에서 친애굽으로 변경하게 된다.

그러나 하나님의 계획은 바벨론을 들어 남유다를 심판하시는 것이었다. 이 사실을 알게 된 예레미야는 이스라엘 정부를 상대로 친바벨론 정책으로 재변경할 것을 설득한다. 하지만 남유다 정부는 거절하며 친애굽 정책을 고수하게 된다. 이때 거짓 선지자들이 나타난다. 그들은 예레미야와 달리 정부의 친애굽 정책에 동조하며 그것이 하나님의 뜻이라고 거짓 예언을 했다.

> 그들이 내 백성의 상처를 가볍게 여기면서 말하기를 평강하다 평강하다 하나 평강이 없도다(렘 6:14).

여기서 '백성의 상처'란 백성들 스스로가 불순종으로 초래한 국가적 재난을 가리킨다. 하나님의 뜻을 저버리고 바벨론이 아닌 애굽 쪽으로 방향을 틀어 불순종한 백성에게 바벨론에 포로로 끌려가는 국가적 재난이 주어진다는 것이다. 그러나 거짓 선지자들은 하나님의 뜻에도 백성들의 안위에도 관심이 없었다. 자신들의 이익을 위해 백성들의 결정을 추켜세우며 외친다.

"평강하다(샬롬), 평강하다(샬롬)!"

그러나 성경은 그에 대해 "평강이 없다"라고 확실히 말했다.

거짓 선지자들이 이렇게 무한 긍정할 수 있었던 배경에는 당시 상황이 적용된다. 우선 이스라엘 사람들은 하나님이 영원히 남유다의 평화를 보장해 주실 것이라는 잘못된 선민사상으로 가득했다. 더욱이 당시는 요시야 왕이 종교개혁운동을 비교적 성공적으로 일으킨 상황이었으니 바벨론에 포로로 끌려간다는 예레미야의 말은 이런 낙관적 편견 속에 빠져 있는 백성들의 귀를 열 수 없었던 것이다.

미국 정부의 낙관적 편견

예레미야 시대뿐 아니라 오늘날에도 이런 낙관적 편견을 보여 주는 사례는 많다. 바버라 에런라이크(Barbara Ehrenreich)는 자신의 저서 『긍정의 배신』(*Bright-Sided*) (부키, 2011)에서 미국

정부의 낙관적 편견으로 발생한 두 가지 피해를 지목했다.

첫째, 빌 클린턴 전(前) 미국 대통령이 마지막 국정 연설에서 유례없는 번영을 자축한 지 몇 달 지나지 않아 미국에서 닷컴(dot-com) 붕괴[5]가 일어난 것이다. 대통령의 근거 없는 긍정적 사고는 국민들을 위장된 평화에 속게 했고, 더 나아가 이 붕괴를 대비하지 못하도록 만들었다. 예레미야 시대의 거짓 선지자들의 '평안하다, 평안하다'는 위장 평화의 유혹이 미국에서 재현된 것이다.

둘째, 2011년에 발생한 9.11테러다. 사건이 일어나기 전에 이것을 알리는 단서들이 꽤 있었다고 한다. 저자의 말을 직접 인용해 본다.

> 이미 1993년에 세계 무역 센터에 대한 테러 공격이 한 차례 있었다. 2001년 여름에는 항공기를 이용한 공격 가능성을 둘러싸고 숱한 경고가 나왔다. 비행 학교들은 '항공기를 날게 하는 데에만 관심이 있고 착륙이나 이륙에는 신경을 쓰지 않는' 수상한 학생들에 대해 보고했다. 그런데도 연방수사국, 이민귀화국, 부시, 라이스 등 어느 누구도 그런 불

---

5 위키백과. 닷컴 버블(dot-com bubble)은 인터넷 관련 분야가 성장하면서 산업 국가의 주식 시장이 지분 가격의 급속한 상승을 본 1995년부터 2000년에 걸친 거품 경제 현상을 가리킨다.

편한 단서에 주의를 기울이지 않았던 탓에 이른바 '상상력의 실패'로 귀결되었다.

저자는 9.11테러를 대비하지 못한 원인을 미 관료들의 '상상력의 실패'로 규정한다. 9.11테러를 알리는 단서가 쌓이는데도 부정적 사건이 일어날 수 있다는 상상력을 발휘하지 못한 것이다. 이들이 '괜찮을 거야'라며 무한 긍정에 현혹되고 있는 동안 테러범들은 범행을 준비하고 있었다. 낙관적 편견이 그들의 시야를 가린 것이다.

앞에서도 밝힌 것처럼 거짓 평화를 구별하기 힘든 이유는 그것은 항상 무한 긍정주의와 함께 찾아오기 때문이다. 긍정의 과잉으로 이성적 판단이 마비되어 결국 부정성을 감지하지 못하게 되는 것이다. 그 결과 많은 사람이 긍정의 옷을 입은 거짓 평화에 현혹되고 있는 실정이다.

화평이란?

하나님의 말씀은 진공 상태에서 선포되지 않는다. 하나님은 말씀은 반드시 당대의 역사와 문화적 배경 안에서 선포된다. 그래서 선포된 말씀은 그 시대의 상관성 속에서 성격이 규정되기 마련이다. 빌리 그래이엄(Billy Graham) 목사는 복음을 '평화'라는 컨셉으로 전했는데, 그 이유는 그가 말씀을 전하던 시대가 세계 대전이 발생한 시대였기 때문이다.

또한, 1960-1970년대에는 한국 교회의 강단에서 번영에 대한 메시지가 주로 다루어졌는데, 그 시대는 온 국민이 지독한 가난에서 벗어나자는 열망이 가득했기 때문이다. 이렇듯 말씀은 그 시대의 상관성 속에서 선포된다. 이런 의미에서 예수님이 말씀하신 '화평'은 당시의 상황과 연관해서 말씀하셨음을 충분히 짐작할 수 있다.

> 화평하게 하는 자는 복이 있나니 그들이 하나님의 아들이라 일컬음을 받을 것임이요(마 5:9).

'화평케 하는 자'는 헬라어 '에이레노포이오이'(εἰρηνοποιοί)인데, 이는 '에이레네'(εἰρηνη, 평화)와 '포이에오'(ποιεω, 만들다)의 합성어로 '평화를 만들다'라는 뜻이다.

이 '평화'라는 단어의 의미를 파악하기 위해서는 이 단어가 이스라엘의 역사적 배경에서 어떻게 사용되었는지를 먼저 살펴보아야 한다. 이강영의 논문인 〈마가복음의 하나님 아들 모티프 연구〉에 따르면, 당시 황제 숭배는 로마 본국보다는 로마가 다스리는 외부 지역에서 더 크게 일어났다고 한다.

로마 본국에서는 아우구스투스 황제가 주피터(제우스), 넵투누스(포세이돈), 유노(헤라) 등의 일급 신에 밀린 2-3급 정도의 신으로 여겨진 것에 비해 로마가 지배하는 다른 지역, 특히 그리스와 소아시아 지역에서는 로마 황제를 최고의 신으로 숭배했다고 한다.

이 주장대로라면 로마의 통치 관할 지역이었던 유대 역시도 로마 황제 숭배가 크게 일어났을 것이다. 그 결과 로마 황제에 의해 무력으로 지탱되는 '로마의 평화'(Pax Romana)가 유대인들을 속이며 진정한 평화로 선전되었을 가능성이 크다. 그러므로 예수님은 로마 황제에 의해 무력으로 지탱되는 '로마의 평화'를 의식하고, 이에 대한 대안으로서 '평화'를 말씀하셨다고 볼 수 있다.

예수의 평화(pax Christi) vs 로마의 평화(Pax Romana)

그렇다면 예수님의 평화는 무엇을 근거로 로마의 평화를 거짓 평화로 규정하는가?

로마 황제 숭배의 초석을 닦은 황제는 '가이사 아구스도'였다. 그는 성경의 역사에서 예수님 탄생 전, 호적조사를 지시한 황제로 소개되기도 했다(눅 2:1). 카이사르 황제는 유언장에서 자신의 조카 가이사 아구스도를 상속자로 지명했다. 카이사르는 생전에 군주제를 수립하려다가 공화제의 전통을 지키려는 사람들에 의해 암살되었다.

그 후 황제의 자리에 앉게 된 아구스도가 카이사르의 복수를 실행하기 위해 쓴 전략이 카이사르를 신격화하는 것이었다. 카이사르가 로마의 수호신으로 등극되면 그를 암살한 자들을 제거할 수 있는 명분을 얻을 수 있다는 판단에서였다.

결국, 카이사르는 로마에서 신격화되는 데 성공했고, 자연스럽게 아구스도는 로마 황제 최초로 '신의 아들'로 여겨졌다. 악티움 해전에서 그 유명한 클레오파트라 등을 제압한 것을 공로로 인정받아 공식적으로 '신의 아들'(*divi filius*, 디비 필리우스)로 불렸다.

이처럼 아구스도는 인위적인 방법으로 신의 아들이 되었으며 신의 아들이 되려는 동기는 복수였다.

이처럼 인위적인 방법과 불의한 동기로 신의 아들이 된 황제가 인류에게 진정한 평화를 선사할 수 있었겠는가?

반면 '예수님의 평화'(*pax Christi*)는 어떤가?

아구스도가 복수를 위해 인위적으로 자신을 신의 아들로 등극시켰다면, 예수님은 원래부터 하나님이셨지만 평화를 위해 자신을 인간으로 격하시키셨다(빌 2:5). 또한, 아구스도가 무력을 사용해 로마의 평화를 만들어 냈다면, 예수님은 십자가라는 자기를 희생하는 방식으로 인류에게 평화를 주었다. 결국, 아구스도의 평화는 2백 년이 채 되지도 않아 끝났지만, 예수님의 평화는 2천 년이 넘는 지금까지도 실현되고 있다. 그리고 그의 평화는 앞으로도 영원히 지속될 것이다.

진정한 평화, 예수

우리는 거짓 평화가 판치는 시대 속에서도 하나님만을 진정한 평화로 인식하며 나아가는 본보기를 성경 속 다윗의 모습 속에서 발견할 수 있다.

> 여호와는 나의 목자시니 내게 부족함이 없으리로다(시 23:1).

류모세는 『열린다 성경 - 광야 이야기』(두란노서원, 2015)에서 위 구절을 해석하기 위해 이스라엘의 사회 변화에 주목하고 있는데, 그 점은 '목축 사회'에서 '농경 사회'로의 진입이었다. 그에 따르면 이스라엘을 중심으로 펼쳐지는 두 개의 문화적 축(axis)은 농경 문화와 목축 문화였다. 목축 사회였던 이스라엘이 가나안 땅에 들어간 후 이스라엘은 재빠르게 농경 문화를 중심으로 재편되었다. 그 결과 백성들은 광야에서 목축하며 섬기던 '여호와'보다 농작물의 풍요를 책임질 '바알'을 따르기 시작했다.

결국, 이스라엘 백성들은 시대와 사회상의 변화에 따라 그에 걸맞는 새로운 신을 찾게 된 것이다. 변화된 시대 속에서 풍요를 줄 수만 있다면 어떤 신이라도 따르겠다는 것이다. 그 신이 어떤 신인지는 이스라엘 백성들에게는 부차적 문제에 불과했다.

다윗의 고백은 바로 이 부분에서 빛난다. 시대가 농경 사회의 패러다임으로 급속히 전환되고, 그 속에서 바알이 부각되고, 그가 진정한 평화를 줄 것인 양 선전된다고 하더라도 다윗은 참목자 여호와만을 자신의 신으로 인정한 것이다. 바알이란 거짓 평화에 눈속임당하지 않고 오직 여호와만이 자신을 진정으로 배부르게 해 주실 수 있는 분임을 선포한 것이다.

예수님은 후에 다윗의 비전을 자신의 입술로 고백하며 실현시키셨다. "나는 선한 목자"(요 10:11)라고 했다. 여기서 강조점은 '나는'(Ἐγώ)에 있다. 즉, 로마 황제를 포함해서 목자를 흉내 내는 다양한 우상이 평화를 약속하지만, 예수님은 오직 **'나만'** 선한 목자라고 말씀하신 것이다. 그렇다. 오직 예수님만이 진정한 평화를 제공하는 선한 목자이시다.

당신은 어떤 목자를 따르고 있는가?

그리스도인의 비전: 피스메이커

> 화평하게 하는 자는 복이 있나니 그들이 하나님의 아들이라 일컬음을 받을 것임이요(마 5:9).

앞에서 살펴본 것처럼 오직 예수님만 진정한 평화가 되신다. 예수님이 평화가 되신다는 것을 아는 자는 '평화를 만드는 자'(peace maker, 피스메이커)가 된다. 죄를 짓고 타락한 인류는 다음 네 가지 영역에서 불화의 상태가 되었다.

첫째, 하나님과 불화한 자들이 되었다.
둘째, 자기 자신과 불화한 자들이 되었다.
셋째, 이웃과 불화한 자들이 되었다.
넷째, 자연과의 관계에서도 불화한 자들이 되었다.

모든 관계 속에서 불화가 넘쳐나는 세상 속에서도 인류는 그리스도를 통해 화해와 회복을 경험하고 누리게 된다. 이것을 공유하고 증거하며 돕는 자가 바로 '화평하게 하는 자'다. 네 가지 영역 속에서의 '불화'와 '화평'의 양상은 다음과 같이 정리할 수 있다.

	타락 당시 인간	화평하게 하는 자
하나님과의 관계	하나님을 두려워해 하나님의 낯을 보지 못함	**그리스도를 통해** 두려움 극복하고 온전한 교제 회복
자신과의 관계	하나님의 형상 (Image of God)에서 우상의 형상(Image of Idol)으로 전락	**그리스도를 통해** 하나님의 형상으로 회복해 자신과 화해함
이웃과의 관계	서로를 탓하고 서로를 지배하려 함	**그리스도를 통해** 이웃을 섬김
자연과의 관계	가시덤불과 엉겅퀴로 상징되는 자연의 변질 및 환경 오염	**그리스도를 통해** 자연을 돌보는 청지기 사명

* 하나님과의 관계

아담과 하와는 하나님의 낯을 보는 것이 두려워 동산 나무 사이로 숨었다(창 3:8). 타락이 가져다 준 결과로 하나님과 불화하게 된 것이다. 그러나 화평하게 하는 자는 진정한 평화 되시는 그리스도를 통해 하나님과 인류를 화해시킨다.

* 자신과의 관계

아담과 하와는 하나님의 형상(Image of God)으로 창조되었으나, 하나님의 뜻을 거부하고 욕망대로 살다가 결국 우상들의 형상(Image of idols)으로 전락했다. 그 대가로 자신을 비하하고 자신을 증오하게 되었다. 그러나 화평하게 하는 자는 진정한 평화 되시는 그리스도를 통해 하나님의 형상(Image of God)으로 회복되어 자신을 존중한다.

* 이웃과의 관계

아담과 하와는 서로를 탓하며 정죄했다. 더 나아가 그들은 서로를 지배하려 했다(창 3:16). 그러나 화평하게 하는 자는 진정한 평화 되시는 그리스도를 통해 나와 이웃을, 이웃과 이웃을 화해시킨다.

> 그가 우리를 위하여 목숨을 버리셨으니 우리가 이로써 사랑을 알고 우리도 형제들을 위하여 목숨을 버리는 것이 마땅하니라(요일 3:16).

* 자연과의 관계

아담과 하와가 타락으로 땅에 엉겅퀴를 낸 이후, 인류는 자신의 욕망을 이루기 위해 자연을 착취하고 오염시켰다. 그러나 화평하게 하는 자는 진정한 평화 되시는 그리스도를 통해 인류와 자연을 화해시킨다. 그래서 인류가 받은 청지기의 사명을 이루어 자연이 유지되고 아름답게 성장하도록 하는 청지기 사명을 감당한다.

죄로 인한 불화 속에 살아가는 우리는 진정한 평화 되시는 그리스도를 통해 화해를 경험하고 진정한 평화를 누린다. 하나님은 하나님의 자녀인 우리를 평화를 만드는 자로 부르셨다. 더 이상 세상이 주는 거짓 평화에 속지 않고, 예수님이 주는 진정한 평화를 회복해야 한다. 거짓 평화의 과잉으로 점멸하는 세상 속에서 참평화의 모습을 세상에 드러내며 하나님의 아들이라 일컬음 받는 삶이 되기를 바란다.

> 화평하게 하는 자는 복이 있나니 그들이 하나님의 아들이라 일컬음을 받을 것임이요(마 5:9).

거짓 평화의 과잉 * 요약

1. 예레미야 당시 거짓 선지자들은 이스라엘 정부가 친바벨론 정책에서 친애굽 정책으로 정책 노선을 변경한 것에 대해 옳은 결정이라며 여기에 평강이 있을 것이라고 주장했습니다(렘 6:14). 그러나 이것은 하나님이 무조건 이스라엘을 축복하실 것이라는 잘못된 선민사상 때문에 생긴 착각입니다. 앞으로 무조건 잘 될 것이라는 낙관적 편견이 이들을 속인 것입니다. 미국의 닷컴 붕괴와 9.11 테러는 미국 정부 관료들이 낙관적 편견에 속은 결과입니다. 우리도 낙관적 편견이 주는 위장 평화에 현혹되지 않도록 주의해야 합니다.

2. 예수님이 말씀하신 화평은 그 당시의 정치 상황과 무관하지 않습니다. 로마 황제 숭배의 분위기는 로마 본국보다 유대 사회에서 더 뜨거웠습니다. 그래서 예수님이 말씀하신 '화평'은 로마 황제가 제시한 '로마의 평화'(*Pax Romana*)를, '하나님의 아들'은 그 당시 '신의 아들'로 불린 로마 황제를 의식하며 말씀하셨을 가능성을 충분히 제기할 수 있습니다. 그러나 로마의 평화는 무력으로 인위적으로 세운 것이었고, 끝내 다른 민족의 무력에 의해 그 평화는 무너지고 말았습니다. 그렇기에 예수님이 말씀하신 화평만이 진정한 평화입니다.

3. 이스라엘이 가나안에 들어오면서 사회는 '목축 사회'에서 '농경 사회'로 진입했고, 그 결과 백성들은 광야에서 목축하며 섬기던 '여호와'보다 농작물의 풍요를 책임질 '바알'을 따르기 시작했습니다. 그런데도 다윗은 "여호와는 나의 목자시니"(시 23:1)라고

고백합니다. 농경 사회로의 패러다임 전환 속에서 의지 대상이 바알로 바뀌지 않고, 여전히 여호와를 참된 신으로 인정한 것이니 참으로 빛나는 고백입니다. 시대와 환경이 바뀌어도 그의 신앙은 흔들림이 없었던 것입니다.

지금은 포스트 팬데믹 시대입니다. 시대는 또 한 차례 중요한 변화를 겪고 있습니다. 아무리 시대가 바뀌어도 진정한 평화 되시는 하나님을 따르는 것이 복이라는 사실은 변하지 않습니다.

거짓 평화의 과잉 * 소그룹 나눔

마음 열기

흔히 '삶은 전쟁이다'라는 표현을 합니다.
인생 중에서 전쟁이라고 느껴질 만큼 혹독함을 경험한 시간이 있었나요?
함께 나누어 주세요.

나눔 질문

1. 미국의 닷컴 붕괴와 9.11테러는 무한 긍정주의 때문에 방심하고 대비하지 않다가 일어난 사건들입니다.
   무작정 '잘 되겠지'라는 마음을 먹고 있다가 어려운 일을 경험한 적이 있나요?
   함께 나누어 주세요.
   그리스도인은 무한 긍정주의에 어떻게 반응해야 할까요?

2. 세상은 평화를 위해 무력과 권력 등의 힘을 내세우고 사용하지만, 예수님이 진정한 평화를 이루실 수 있었던 것은 자기희생이었습니다.
우리의 가정, 직장, 교회, 국가 등 내가 속한 공동체의 평화를 이루기 위해 우리 각자에게 요구되는 희생은 무엇입니까?
함께 나누어 주세요.

복음적 삶의 경계 세우기

우리가 화해해야 할 영역은 네 가지(하나님, 자신, 이웃, 자연) 대상과의 관계입니다. 이 네 가지 대상과 화해하기 위해서 각자가 더 힘써야 할 것은 무엇인지 영역별로 계획을 세워 봅시다.

8

유사 복음의 과잉과 의를 위하여 핍박받는 자의 복

> 의를 위하여 박해를 받은 자는 복이 있나니
> 천국이 그들의 것임이라(마 5:10).

교회 대거 이탈의 핵심 원인은 코로나가 아니다

코로나19 바이러스가 터지자 성도들이 대거 교회를 이탈했다. 그런데 대규모의 성도가 갑작스럽게 교회에 나오지 않는 것은 단지 코로나 영향 때문만은 아닐 것이다. 물을 끓일 때 데울 시간이 필요하고 장작에 불이 붙을 때까지도 시간이 필요하듯이 성도가 일순간에 빠져나간 일은 코로나 그 전부터 서서히 이탈이 진행되고 있었다는 증거다.

'하인리히 법칙'(Heinrich's law)[1]은 큰 사고가 일어나기 전에는 그것을 경고하기라도 하듯 반드시 징후가 발생한다는 이론이다. 이 원리를 성도의 대거 이탈에 대입해 보면 코로나는 기폭제 역할을 했을 뿐, 성도들은 그 이전부터 서서히 교회를 이탈하고 있었다고 보아도 무방할 것이다.

그리스도인들의 교회 이탈의 원인은 무엇일까?

그 중심에는 신앙의 타협이 있었다. 세상과 타협했거나 동조했으며 세상을 닮아 갔다. 그들은 그렇게 조금씩 교회에서 세상 쪽으로 기울고 있었다. 그런 찰나에 코로나는 그들에게 '탈교회' 할 수 있는 좋은 명분을 제공했을 뿐이다. 문제는 겉으로 드러난 코로나가 아니라 그 중심에는 타협한 신앙이 있었다.

타협한 신앙: 박해의 실종

타협한 신앙은 기독교인에 대한 박해를 실종시키는 결과를 가져왔다. 박해란 세상이 기독교 신앙을 공격하기 위해 가하

---

[1] 나무위키. 1931년 허버트 윌리엄 하인리히가 펴낸 『산업재해 예방: 과학적 접근』(McGraw-Hill Companies, 1980)이라는 책에서 소개된 법칙이다. 그것은 바로 산업 재해가 발생해 사망자가 1명 나오면 그 전에 같은 원인으로 발생한 경상자가 29명, 같은 원인으로 부상을 당할 뻔한 잠재적 부상자가 300명 있었다는 사실이었다. 하인리히 법칙은 '1:29:300 법칙'이라고도 부른다. 즉, 큰 재해와 작은 재해 그리고 사소한 사고의 발생 비율이 1:29:300이라는 것이다.

는 것이다. 일반적으로 혐오란 타인이 나와 다른 정체성을 지 닐 때 느끼는 감정이다. 그리스도인은 그리스도를 닮았기 때문에 세상과 다른 정체성을 지닌다.

그러므로 세상은 그리스도인을 혐오함으로 공격하고자 박해를 가한다. 이런 면에서 박해를 받는다는 것은 그리스도인임을 확인시켜 주는 증표라고 할 수 있다.

그런데 세상과 타협한 성도는 스스로 기독교 신앙의 정도(正道)에서 이탈한다. 그리스도와 멀어지고 세상과 닮은 정체성을 지니게 된다. 그러니 세상은 그들을 박해할 이유가 없다. 혐오감을 느끼지 않는 것이다. 자신과 동일한 정체성이 그들에게서 느껴지니 굳이 박해할 이유가 없어진 것이다. 박해의 실종은 타협한 신앙이 초래한 결과라고 할 수 있겠다.

타협한 신앙: 빼앗긴 왕관

> 왕관을 쓰려는 자, 그 무게를 견뎌라.

이 말은 윌리엄 셰익스피어(William Shakespeare)의 희곡 〈헨리 4세〉에 나오는 대사에서 유래되었는데, 2003년 방영된 드라마 〈상속자들〉의 부제로 쓰여 대중적으로 유명해졌다. 조선 시대 정조는 백성과 조정이 늘 염려되어 밤마다 침상을 맴돌며 닭 우는 소리를 들으며 잠들었다고 한다. 이는 그가 왕으로서 짊어져야 할 왕관의 무게였다. 이처럼 동서고금을 막론하고 왕관을 쓴 자가 감당해야 할 무게는 매우 막중하다. 이것은 예수님도 마찬가지였다.

> 빌라도가 패를 써서 십자가 위에 붙이니 **나사렛 예수 유대인의 왕**이라 기록되었더라 예수께서 못 박히신 곳이 성에서 가까운 고로 많은 유대인이 이 패를 읽는데 히브리와 로마와 헬라 말로 기록되었더라 (요 19:19-20).

예수님 당시 십자가 처형 때는 죄수의 죄목을 써 놓은 패를 붙였다. 빌라도는 죄목을 '나사렛 예수 유대인의 왕'이라고 적었다. 여기서 주목할 점은 이것이 히브리어, 로마어, 헬라어로 기록되었다는 점이다. 이 세 가지 언어는 당시 전 세계의 언어를 대표했다. 그러니 예수님을 고발하던 죄패는 오히려 예수님이 온 인류의 대속을 위해 돌아가신 우주적 왕이심을 전 세계에 보도하는 역할을 톡톡히 해냈다. 이렇게 죄패가 오히려 그리스도의 왕 되심을 드러내는 도구가 되었다.

예수님의 왕관 무게는 십자가의 박해였다. 세상이 예수님에게 십자가의 박해를 가했다는 것은 예수님이 우주의 왕이심을 확인시켜 주는 증표라고 할 수 있다. 이런 면에서 성도의 삶에 박해가 있는 것은 지극히 정상이다. 예수께서 온 우주의 왕이셨기에 십자가의 박해를 받으셨듯이, 성도는 '왕 같은 제사장'이기에 박해를 받는 것이다. 그 박해는 신앙적 정체성을 확인시켜 주는 증표라고 할 수 있다.

이런 의미에서 박해가 없다는 것은 왕관을 빼앗기는 일이다. 박해가 없는 타협한 신앙은 결국 왕관을 빼앗긴다.

무게를 견디지 못하는 자, 무게를 견디고자 하지 않는 자가 어찌 왕관을 쓰겠는가?

박해로 인한 고난의 영광스러움

우리 주변에 신앙 때문에 받는 박해로 낙망하는 성도들이 있다. 세상은 그를 실패자로 규정한다. 안타깝지만 때로는 함께 신앙생활하는 지체들이 그런 분위기를 더욱 부추기기도 한다. 그러나 이것은 철저히 오해다.

박해받는 것은 왕 같은 제사장만이 짊어질 수 있는 왕관의 무게다. 그러니 신앙 때문에 박해가 있다는 것은 내가 하나님 나라의 왕족임을 드러내는 것이다. 그러니 절대로 실패한 인생이 아니다. 예수님에게 박해가 자기 영광을 드러내는 것이었듯이, 믿음의 성도에게도 박해는 영광스러운 일이다.

반대로 박해가 없는 것은 세상을 닮고 있다는 것이자, 왕관과 관련 없는 자임을 증명한다. 이런 면에서 박해가 있는 성도는 당장은 왕관의 무게가 무겁겠지만 훗날 왕관의 영광을 누릴 것이기에 그는 복된 자다.

> 생각하건대 현재의 고난은 장차 우리에게 나타날 영광과 비교할 수 없도다(롬 8:18).

교묘하게 신앙을 타협시키는 유사 복음

위에서 살펴보았듯이 박해받는 것은 예수를 잘 닮아 가고 있다는 증거다. 그렇다 보니 세상은 성도가 의를 위해 박해를 받지 못하도록 전략을 세우는데, 그것은 성도를 유사 복음으로 현혹해 쉽게 신앙을 타협하게 만드는 것이다. 여기에 현혹된 성도는 자신이 복음을 따른다고 여기나 실상은 유사 복음을 따르는 것이 된다. 그 결과 그의 삶에는 박해가 실종된다.

여기서는 복음의 탈을 쓰고 활동하는 두 가지 유사 복음을 분석함으로 성도가 이를 경계하도록 돕고자 한다.

첫째, 세속적 자유를 경계해야 한다.

「경향신문」은 2020년 5월에 "미국인들은 왜 마스크 쓰기를 싫어할까?"[2]라는 제하의 워싱턴 특파원 기사를 실었다. 기사에서 총 네 가지의 분석을 했는데, 그중 가장 먼저 언급된 이유를 소개하자면, 개인 자유의 침해 문제 때문이라고 했다. 기사는 『감염병 유행의 심리학』(Cambridge Scholars Publishing,

---

2 김재중, "미국인들은 왜 마스크 쓰기를 싫어할까?", 「경향신문」, 2020.05.07.

2020)을 쓴 스티븐 테일러의 언급을 인용했는데, 그는 이렇게 말했다.

> 사람들은 무언가 해야 한다고 들으면 그 조치가 그들을 보호하는 것이라 하더라도 자연스럽게 저항한다.

매일 수만 명의 사람이 감염되는 현장을 목격하면서도 미국인들은 개인의 자유를 지키는 것에 더 예민하게 반응했다. 이 모습은 오늘날 현대인들이 가진 자유에 대한 인식이 어떠한지를 밝혀 준다.

팀 켈러는 그의 책 『팀 켈러의 답이 되는 기독교』(*Making Sense of God*) (두란노서원, 2018)에서 긴 서구 문화에서 유일하게 공인받는 도덕 가치는 "자유"라고 주장했다. 그에 따르면, 자유가 서구의 많은 가치 중에서 이렇게 독보적인 지위에 오른 이유는 포스트모더니즘 사상 때문이라고 했다. 포스트모더니즘의 핵심가치는 기존에 절대적으로 여겨진 기준 혹은 기초를 해체하자는 것이다. 그 어떤 것도 각 사상과 이론에 대해 기초와 근원의 지위를 가질 수 없다는 것이다.

이처럼 포스트모더니즘은 모든 사상의 기초와 기준을 허물어 버렸기에 결국 개인의 자율성을 관대하게 허용하게 되었다. 쉽게 말해 '더 이상 정해진 답은 없고, 당신의 기준이 답이다'라고 말하는 것과 같다. 결국, 자유가 독보적인 지위를 가질 수 있던 것은 포스트모더니즘 덕분이라고 저자는 분석했다.

문제는 이런 세속적 자유가 복음의 탈을 쓰고 교회로 진입했다는 것이다. 복음의 핵심은 자유라며 개인의 자유를 마음껏 조장했다. 사사 시대에 백성들이 각자의 소견에 옳은 대로 행하던 모습이 재현되었다. 이것 때문에 교회의 전통적 권위와 질서는 구시대의 유물로 비쳤다. 개인의 자유를 속박하는 것이라면, 그것은 무엇이든지 시대에 뒤떨어진 것이므로 폐기해야 할 것으로 규정했다.

세속적 자유가 교회 안에 손쉽게 진입하게 된 이유는 무엇인가?

그것은 이미 교회 안의 변질된 신학과 코드가 맞아떨어졌기 때문이다. 이 신학은 바로 율법폐기주의(Anitinomianism)다. 구원 얻는 데 있어서 율법의 역할을 다루는 신학은 양극단으로 갈라졌다. 그것은 율법폐기주의(Anitinomianism)와 율법주의(Legalism)다. 율법폐기주의는 구원은 은혜로 받았으니 더 이상 율법을 지키지 않아도 된다는 개념이다. 율법주의는 그 반대 사상으로 구원을 얻는 데 있어서 율법을 지키는 것이 필요하다고 보는 개념이다.

이 두 사상은 명백히 성경에서 벗어난 신학의 오류들이다. 한쪽은 율법을 전면 부정했고, 다른 한쪽은 율법을 지나치게 강조했다. 균형을 잃어버리고 극단적으로 양극화되었다. 팀 켈러는 자신의 저서 『팀 켈러의 센터처치』(*Center Church*) (두란노서원, 2016)에서 터툴리안의 말을 빌려 이 두 개념은 복음의 극단적인 두 오류라고 표현했다.

> 예수님이 두 강도 사이에서 십자가에 못 박히신 것처럼, 복음은 '두 오류'(율법주의, 율법폐기주의)[3] 사이에서 십자가에 못 박힌다.

이 두 가지 신학 중에 자유와 관련된 것은 율법폐기주의다. 구원은 전적인 은혜로 받았다는 생각이 있으니 자유하게 살아도 된다는 명분을 만든다. 이는 성도로 하여금 성화에 대한 책임을 회피하게 만들며, 세속적 자유가 교회 안에 들어올 수 있는 여지를 마련해 주게 된다.

그 결과 성경의 요청에는 귀를 닫고 개인이 원하는 자유를 진리로 여긴다. 개인의 자유가 성경의 진리를 대체한다. 현존하는 거의 모든 교회 안에서 '개인의 자유=복음(진리)'이라는 인식이 점점 굳건하게 자리 잡아 가고 있는 실정이다. 그 결과 그리스도인의 삶에서 박해는 실종되어 간다. 박해는 말씀에 순종할 때 발생하는데, 개인이 자유를 누리기 위해 말씀에 순종하지 않기 때문에 박해는 실종되는 것이다.

---

3 괄호는 저자 삽입.

둘째, 세속적 실용성을 경계해야 한다.

요즘 가장 핫한 키워드를 하나 꼽으라고 한다면 '쓸모'다. '네이버(Naver) 책' 코너에서 '쓸모'에 관련된 책을 검색했더니 무려 6,979건의 검색 결과가 나왔다(2021.10.30. 기준). 또한, '알아두면 쓸데없는 신비한 잡학사전'의 준말인 〈알쓸신잡〉은 매우 핫한 프로그램으로 방영 중에 있다. '쓸데없음'을 내세운 이 방송은 볼 때마다 아이러니하게도 쓸모 있는 지식을 제공해줌으로 시청자를 화면 앞으로 끌어당기고 있다.

이런 분위기를 통해 알 수 있듯이 이 사회는 실용성을 중시한다. 가치판단의 유일한 기준은 쓸모, 즉 실용적이냐에 달렸다. 과거에는 부정적으로 여겨 거리를 둔 것도 그것이 실용적이면 현대 사회에서는 가까이 둔다. 반면 과거에 좋은 것으로 여긴 것이라도 만약 그것이 실용적 가치를 잃어버렸다면 폐기대상으로 인식한다.

조직신학자 박혜근 목사는 자신의 글 〈현대 사회의 복음: 기능적 이데올로기의 도전〉에서 현대의 세속성이 서구의 기독론 신학에 끼친 영향을 분석했다. 그가 주목한 현대의 세속성은 바로 실용성으로 표현할 수 있다. 그의 주장을 요약하자면, 프랑스 혁명은 유럽 사회를 급격히 '기능적 사회'(a function oriented society)로 돌입하게 했다. 국왕이라고 할지라도 기능을 제대로 하지 못하면 얼마든지 제거될 수 있는 대상으로 여겼다. 실제 루이 16세(Luis XVI)(1774-1793)는 처형되었다.

박혜근 교수는 당시 절대적 권력이었던 황제를 처형할 수 있다는 점을 근거로 당대 사회가 "유용성(efficacy)에 근거한 가치 판단을 근간으로 하는" 사회로 급격하게 바뀌었다고 주장한다. 다시 말해, 프랑스 혁명을 기점으로 서구 사회는 그 사회를 떠받치는 정신의 근간을 옳고 그름의 정의(justice)가 아닌 유용성(efficacy)으로 바꾼 것이다.

이어서 그는 이런 유용성의 사조가 신학에도 영향을 끼쳤고, 그 결과 **그리스도의 신성과 정체성**에 대한 추구는 사라지고 **그리스도의 기능**에 대해서만 관심을 갖게 되었다고 지적했다.

다시 말해, 본래 신약성경은 그리스도의 기능과 가치 혹은 **사역**과 **인격**을 하나로 보는데, 유용성에 영향을 받은 현대 신학은 이 둘을 분리해 그리스도의 기능과 사역에만 관심을 집중하는 '기능론적 기독론'(functional christology)만을 추구하게 되었다는 것이다. 그러니 그리스도의 가치 혹은 인격은 자연스럽게 신학 안에서도 찬밥 신세가 된 것이다.

유용성을 추구하는 사회적 흐름은 비단 신학뿐 아니라 일반 교회에도 영향을 끼쳤다. 이미 많은 사람이 우려했던 것처럼 교회가 '성장'이라는 유용성을 너무 과하게 추구한 나머지 몸집만 비대해져 교회의 건강성을 잃게 되었다. 마치 비만에 걸린 사람이 건강을 잃는 것처럼 말이다.

시장에서 소비자들이 물건을 구입할 때 물건의 유용성만을 고려하는 것처럼 이 시대 교회는 고객(성도)을 붙잡기 위해 유용성을 진리로 둔갑시켜 판매하고 있다.

즉, 고객이 마음에 들어하지 않으면 얼마든지 진리에 유용성을 첨가해 결합상품(유사 복음)을 제작하는 것이다. 그러니 이것은 복음을 전파하는 것이 아니라 복음을 판매하는 것이 되고, 변질된 교회는 복음을 판매하는 복음 장사꾼을 끊임없이 배출하고 있는 실정이다.

예를 들어, 복음 전파자는 교회의 중요한 정책을 결정할 때 성경이 무엇을 말씀하셨는지를 중요시한다면, 복음 장사꾼은 성경의 기준은 내팽개쳐 버리고 얼마나 유용한가를 관건으로 한다.

이것은 정책을 결정하는 교회의 리더 그룹에게만 해당하는 이야기가 아니다. 일반 평신도 중에서도 교회를 친교의 도구, 사교클럽, 비즈니스의 목적으로 출석하는 경우가 있다. 또한, 수능 기도회, 말씀 뽑기 등을 유용성의 관점으로만 보고 접근하는 경우도 그 예로 들 수 있다. 이 모든 경우는 진리의 기준을 쓸모에 둘 때 발생한다. 진리가 쓸모의 관점에 의해서만 해석될 때 신앙은 타협되고 그 결과 박해는 실종된다.

지금까지 교회 안에 들어온 대표적인 유사 복음인 세속적 자유와 실용성에 대해 살펴보았다. 이 둘은 우리의 신앙을 타협하게 만든다. 여기에 현혹될 때 그리스도와 멀어지고 왕 같은 제사장의 왕관을 빼앗기게 된다.

그렇다면 어떻게 해야 유사 복음에 현혹되지 않고 왕관을 지키며 살 수 있을까?

대안: 다르게 살라

> 의를 위하여 **박해**를 받은 자는 복이 있나니 천국이 그들의 것임이라 (마 5:10).

> **나로 말미암아** 너희를 욕하고 박해하고(마 5:11).

이 말씀은 유사 복음에 현혹되어 변질된 삶으로부터 벗어날 대안을 준다. 예수님은 "의를 위하여 박해를 받은 자"(마 5:10)를 "나로 말미암아 너희를 욕하고 박해하고"(마 5:11)와 연결시켜 부연 설명하셨다. 즉, 의를 위해 박해받는 것은 예수님 때문에 받는 박해를 가리킨다.

그렇다면 예수님 때문에 박해를 받는다는 것은 무엇을 의미하는 것인가?

> 그리스도도 너희를 위하여 고난을 받으사 너희에게 **본**을 끼쳐 그 자취를 따라 오게 하려 하셨느니라(벧전 2:21).

이 구절에서 베드로는 예수님을 닮는다는 것의 개념을 쉽게 설명한다. 싱클레어 퍼거슨은 자신의 저서 『성화란 무엇인가』(*Christian Spirituality : Five Views of Sanctification*) (IVP Academic, 1989)에서 이 구절을 해석하기를, '본'(ὑπογραμμός, 히포그라모스)은 '아래에 쓰다'라는 뜻을 지녔다는 의미로 '습자첩'을 가리킨다고 했다.

이것은 초등학생 수준의 아이들이 교실에서 쓰는 도구로 선생님이 글자를 쓴 후에 아이들이 그대로 따라 적을 수 있도록 돕는 도구를 가리킨다. 이처럼 예수님을 닮는다는 것은 예수님의 비전, 목적, 동기, 삶의 양식 등 그분의 모든 것을 그대로 모방하는 것이다.

그런데 본문은 '고난'과 '본'을 연결시키고 있다. 예수님이 받은 고난이 성도들이 닮아야 할 '본'이라는 것이다. 예수님은 삶의 방식이 세상과 달랐기 때문에 고난을 받으셨다. 그래서 예수님을 따르는 성도라면 '예수님의 다름'을 본받아 고난과 박해를 받게 된다.

그 결과 우리는 영광의 왕관을 소유하게 된다. 예수님이 다른 방식으로 살 때 왕관을 소유하신 것처럼 우리 또한 세상과 다른 방식을 추구할 때 왕관을 쓰며 빛나게 살게 된다.

왕관을 쓰려는 자, 다르게 살라.

세상과 같은 삼손, 세상과 다른 사무엘

'다름'의 삶을 강조하기 위해 성경에 등장하는 두 명의 나실인을 비교하고자 한다. 나실인(Nazirites)의 뜻은 '따로 구별된 자'라는 의미로 구약 시대에 특별하게 하나님께 드려진 사람을 가리킨다. 이 말의 어원은 '구분하다'란 의미의 '나자르'(Nazar)에서 파생되었다. 구약의 대표적인 나실인은 삼손과 사무엘이 있다. 이 둘은 비슷한 시기에 활동했지만 전혀 다른 삶을 살았기에 대조할 가치가 있다.

민수기 6장에 따르면 나실인이 지켜야 할 세 가지 규례가 나온다.

(1) 포도나무에서 나는 소산물을 먹거나 포도주를 마실 수 없다.
(2) 시체를 가까이할 수 없다.
(3) 서원 기간 머리에 삭도를 댈 수 없다.

그런데 삼손은 이 세 가지를 다 범했다.

(1) 삼손이 포도주를 마셨다는 언급은 성경에서 나오지 않지만, 그는 딤나에서 잔치를 베풀었는데(삿 14:10) '잔치'(תִּשְׁמָה)는 '마시다'라는 뜻의 쉬스(שִׁתָּה)라는 말에서 나

왔다. 다니엘서에서 이 단어는 '포도주를 마시는 것'(단 1:5)으로 표현되었다. 그러니 삼손은 딤나 잔치의 호스트로서 포도주를 마셨을 가능성이 높다고 할 수 있다.

(2) 그는 사자의 시체에 있는 꿀을 먹었다.

(3) 들릴라 때문에 머리를 자르게 되었다.

삼손은 그의 외모와 행동이 매력을 느끼게 하는 인물이었지만 세상과 구별되어 다르게 살라는 하나님의 부르심에 실패했다. 그는 하나님 왕국의 왕관을 빼앗긴 불명예의 사람이 되었다.

그에 비해 사무엘은 어떤가?

그의 아버지 엘가나는 레위 지파로 찬송하는 직분(대상 6:31-34)을 받은 자였다. 그에게는 한나와 브닌나라는 두 아내가 있었는데, 성직자가 아내가 둘 있다는 것은 이미 그가 얼마나 타락한 사람인지를 드러낸다. 다행히 사무엘은 대제사장 엘리 밑에서 나실인의 규례를 지키며 경건하게 자랐다. 이스라엘이 사사 시대에서 왕정 시대로 진입하는 혼란스러운 과도기 속에서 사울과 다윗을 왕으로 세우며 이스라엘 민족의 든든한 기둥 같은 자로 쓰임 받았다. 사무엘은 왕관을 지키는 자가 되었다.

'여기'(here)에 있었던 사무엘

사무엘의 성공적인 인생 뒤에는 어릴 적부터 훈련된 '다름의 경건'이 있었다. 그는 젖을 떼자마자 부모와 헤어져 대제사장 엘리의 훈육 아래 성전에서 자랐다(삼상 2:11-18).

사무엘은 하나님께 첫 부르심을 받을 때 어떻게 반응했는가?

> 여호와께서 사무엘을 부르시는지라 그가 대답하되 내가 여기 있나이다(삼상 3:4).

당시에 '말씀이 희귀'(삼상 3:1)한 시대적 배경과 엘리의 눈이 점점 더 어두워간다는 점(삼상 3:2)을 볼 때, 이는 이스라엘 민족 전체가 영적으로 어두워지고 있음을 상징적으로 표현한 것으로 보인다. 이런 암담한 상황에서 하나님은 아직 꺼지지 않은 등불(삼상 3:3)을 다시 지필 자로 사무엘을 부르셨다.

> 여호와께서 사무엘을 부르시는지라 그가 대답하되 내가 여기 있나이다 … (삼상 3:4).

사무엘은 하나님의 부름 앞에 "내가 여기 있습니다"(Here I am)라고 대답한다.

성경의 많은 인물이 하나님이 부르신 '여기'(here)에 없었다. 아담은 동산 나무 사이에 숨음으로 부름 받은 '여기'에 없었고, 엘리야도 부름 받은 '여기'를 이탈해 로뎀나무 아래서 죽기를 구했다. 삼손은 나실인으로 부름 받은 '여기'를, 엘리는 대제사장의 사명이라는 '여기'를, 사무엘의 아버지 엘가나는 찬송하는 자리라는 '여기'를 이탈해 낭패를 겪었다.

하지만 사무엘은 '여기'에 있었다. 이것이 바로 사무엘의 '다름의 경건'이었다. 당시 대부분의 사람이 하나님을 떠나 어두워져 있을 때 사무엘은 하나님 곁에서 말씀을 들으며 등불로 성장한 것이다.

당신은 어떤가?
'다름의 경건'이 있는가?
세상과 다른 삶의 방식을 고수하는가?

오늘날 교회에서 하나님의 등불이 실종되고 있는 이유는 이 '다름의 경건'이 실종된 것과 연관성을 갖는다. 하나님은 당신을 통해 등불을 다시 켜길 원하신다. 당신은 '다름'으로 준비되어야 한다.

세상과 다른 자가 받는 복: 성경적 대안 사회의 경험

> 의를 위하여 박해를 받은 자는 복이 있나니 천국이 그들의 것임이라 (마 5:10).

의를 위하여 박해받는 자, 즉 세상과 다르게 사는 자가 받는 복은 '천국이 그들의 것이 되는 것'이다. 팔복의 특징 중 하나는, 2-7복은 복의 시제가 **미래형**인 반면, "천국이 그들의 것이 되는" 동일한 복이 주어진 1복과 8복의 시제는 **현재형**으로 기록되었다는 사실이다.

그러므로 이 복은 성도가 사는 현실 가운데 현재형으로 이루어질 복이다. 마태복음에서 천국은 하나님 나라를 의미한다. 그러니 세상과 다르게 사는 삶이 받는 복은 하나님 나라 원리가 작동되는 성경적 사회를 경험하며 살게 된다는 것이다.

미국의 종교 사회학자 로드니 스타크(Rodney Stark)의 저서 『기독교의 발흥』(*The Rise of Christianity*) (좋은씨앗, 2016)은 1세기 기독교가 급성장한 이유를 사회학적으로 분석한 가치를 지닌 책인데, 당시 1세기 기독교인들이 어떻게 새로운 대안 사회를 만들어 갔는지를 잘 파악했다. 저자가 밝힌 급성장의 원인에는 타 종교와의 차별성, 즉 '다름'이 그 중심에 있다고 할 수 있다.

저자가 소개한 급성장의 원인 중 '다름'의 주제와 관련된 몇 가지를 소개해 본다.

* **첫째**, 유대교가 율법 준수를 강요한 것과 **달리** 기독교는 복음의 자유를 선포했다. 이것은 집단이 주는 종교적 강요를 그치게 하고 개인의 자유를 인정하는 대안 사회를 제시한다.
* **둘째**, 이교도들은 여성 차별이 심했던 것과 **달리** 기독교는 여성의 지위가 높은 편이었다. 여성 등의 사회적 약자에 대한 혐오와 차별을 그치게 하고, 인간 고유의 존엄을 인정하는 대안 사회를 제시한다.
* **셋째**, 이교도들과 **달리** 역병 속에서도 구제하고 섬기는 등의 사랑을 실천했다. 역병과 가난 때문에 발생한 개인의 소외를 그치게 하고, 기독교 공동체를 통해 품어 주는 대안 사회를 제시한다.

이렇듯, 초대 교회 성도들은 새로운 대안 사회를 구체적으로 제시했다. 그 중심에는 **'다름'**이 있었다. 그들은 이 '다름'을 누렸기에 타인에게도 자신 있게 제시할 수 있었다. 누리고 흘려보내는 것, 이것이 세상과 다른 자가 받는 복이다.

우리는 다른가?

요즈음 한국 사회의 공적 영역에서 그리스도인이 다른 모습으로 활동하는 것을 찾아보기 어렵다. 쉽게 말해 믿는 자가 믿지 않는 자들 사이에서 구별되지 않는다. 애굽 왕궁에서 요셉이 구별되고, 페르시아 수산 궁에서 느헤미야가 구별되고, 바벨론 왕궁에서 다니엘이 구별되었다.

당시 왕궁(palace)은 관료들이 모여 사회의 정책을 결정했기에 사회의 공적 영역을 대표한다고 할 수 있다. 이곳에서 요셉, 느헤미야, 다니엘은 누가 보더라도 세상 사람과 달랐다. 그것이 그들의 '다름의 경건'이었다. 이것은 어둠 속에 빛이었고, 사회 부패를 멈추게 할 방부제와 같았다.

그렇다면 우리는 어떤가?

세상의 왕국에서 살되, 하나님 나라 왕국에 속한 자로 구별되었는가?

안타깝게도 오늘날 한국 사회의 공적 영역에서 그리스도인들의 '다름'이 사라지고 있는 것 같다. 구별되지 않고 있다.

그 결과 박해는 없을지 몰라도 세상에 속해 함께 부패하고 있는 것은 아닐까?

오늘날 교회 안에 세상과 닮은 다양한 유사 복음이 판치고 있다. 경계가 무너지고 쉽게 유사 복음이 유입되었다. 그 결과 유사 복음의 과잉 때문에 세상과는 구별되는 참된 복음이 가려져 있다.

그리스도인이 승리하기 위해서는 유사 복음을 경계하고 '다름'의 경건을 가져야 한다. 다름 때문에 박해가 있다 할지라도 그때 임한 천국 때문에 우리는 승리할 수 있다.

그때 임한 천국이 이미 우리의 승리다.

> 의를 위하여 박해를 받은 자는 복이 있나니 천국이 그들의 것임이라 (마 5:10).

유사 복음의 과잉 * 요약

1. 타협한 신앙에는 박해가 실종됩니다. 일반적으로 혐오란 타인이 나와 다른 정체성을 지닐 때 느끼는 감정입니다. 그리스도인은 그리스도를 닮았기 때문에 세상과 다른 정체성을 지닙니다. 그러므로 세상은 그리스도인을 혐오하고 박해를 가합니다.

   이런 면에서 타협한 신앙에는 박해가 실종됩니다. 세상은 그들에게서 동일한 정체성을 경험하기에 혐오감을 느끼지 않는 것입니다. 타협한 신앙의 결과는 왕 같은 제사장들이 받는 왕관을 잃어버린다는 것입니다. 박해의 실종은 왕관의 부재로 이어집니다.

2. 마귀는 성도가 박해를 받으면 영광의 왕관을 쓰게 된다는 것을 알기에 박해를 받지 못하도록 방법을 동원합니다. 그 방법은 바로 유사 복음으로 현혹해 신앙을 타협시키는 것입니다. 복음의 탈을 쓴 세속적 자유와 세속적 실용성이 이 책에서 다룬 대표적 유사 복음입니다. 복음의 본질에 세속적 자유와 실용성을 희석시켜 결국 말씀에 순종해야 할 의무보다 자유를 우선시하는 신앙, 복음의 순수성을 지키는 일보다 실용성을 더 강조하는 타협한 신앙을 양산해 냅니다.

3. 성도가 유사 복음의 유혹을 극복하고 승리하기 위해서는 박해를 받는 것을 거절하지 말아야 합니다. 베드로 사도는 예수님이 고난받는 것이 우리가 닮아 가야 할 본이라고 했습니다(벧전 2:21). 예수님이 고난받은 이유는 세상과 달랐기 때문입니다. 그렇기 때문에 우리는 '예수님의 다름'을 본받아 박해를 받아야 합니다. 그것이 유사 복음의 유혹을 이겨내고 왕관을 지키는 삶입니다.

4. 의를 위하여 박해를 받는 자, 즉 세상과 다르게 사는 자가 받는 복은 천국이 그들의 것이 된다는 것입니다(마 5:10). 천국은 우리 현실에 임할 하나님 나라를 가리킵니다. 그러므로 세상과 다르게 사는 삶을 통해 하나님 나라 원리가 작동되는 성경적 사회를 경험하고 살아가게 됩니다.

유사 복음의 과잉 * 소그룹 나눔

마음 열기

믿음 때문에 내가 받았던 고난이나 박해가 있었나요?

나눔 질문

1. 자신의 모습 중에서 세상과 다른 점과 세상과 비슷한 점을 적어 보고 함께 나누어 주세요.

2. 내가 닮고 싶은 신앙의 인물은 누구인가요?(주변, 역사적 인물) 어떤 점을 닮고 싶나요?

복음적 삶의 경계 세우기

올림픽 선수들은 메달을 따기 위해 긴 시간을 훈련합니다. 그리스도인의 삶이란 왕관을 받기 위한 훈련의 장이라 할 수 있습니다.
이번 한 주 혹은 이번 한 달 동안 왕관을 쓰기 위해 내가 그리스도를 닮아가며 순종해야 할 일은 무엇일까요?
구체적으로 계획하고 나누어 주세요.